国家中等职业教育改革发展示范学校建设项目成果
国家中等职业教育改革发展示范学校建设系列教材

汽车动力电气维修

QICHE DONGLI DIANQI WEIXIU

何陶华　税发莲　黄　敏◎主编

西南交通大学出版社
·成都·

内 容 提 要

本书系统地阐述了汽车动力电气设备的结构、原理、故障诊断与检修方法。全书共分为七个学习任务，内容包括：蓄电池的检修、发电机的检修、电源系统电路的检修、起动机的检修、起动系统电路检修、点火系统元件检修、点火系统电路检修。

本书既可作为中职汽车运用与维修专业教材，也可作为汽车维修、汽车检测等工程技术人员的参考用书。

图书在版编目（CIP）数据

汽车动力电气维修 / 何陶华，税发莲，黄敏主编.
—成都：西南交通大学出版社，2014.4
国家中等职业教育改革发展示范学校建设系列教材
ISBN 978-7-5643-3016-3

Ⅰ. ①汽… Ⅱ. ①何… ②税… ③黄… Ⅲ. ①汽车－动力系统－电气设备－车辆修理－中等专业学校－教材
Ⅳ. ①U472.41

中国版本图书馆 CIP 数据核字（2014）第 074184 号

国家中等职业教育改革发展示范学校建设系列教材
汽车动力电气维修
主编　何陶华　税发莲　黄敏
*
责任编辑　黄淑文
封面设计　墨创文化
西南交通大学出版社出版发行
四川省成都市金牛区交大路 146 号　邮政编码：610031　发行部电话：028-87600564
http://press.swjtu.edu.cn
成都蓉军广告印务有限责任公司印刷
*
成品尺寸：185 mm × 260 mm　　印张：9.5
字数：236 千字
2014 年 4 月第 1 版　　2014 年 4 月第 1 次印刷
ISBN 978-7-5643-3016-3
定价：22.00 元

四川交通运输职业学校
国家中等职业教育改革发展示范学校建设
系列教材编写委员会

主　任　李　青

副主任　周　萍　刘有星　黄　霞

委　员　（排名不分先后）

朱博明　张秀娟　王新宇　刘新江

柏令勇　张定国　夏宇阳　周永春

陈　辉　钟　声　杨　萍　熊　瑛

陈勃西　黄仕利　袁　田　杨二杰

晏大蓉（四川兴蜀公路建设发展有限责任公司）

钟建国（四川省国盛汽车销售服务有限责任公司）

杜　华（四川省杜臣物流有限公司）

冯克敏（成都市新筑路桥机械股份有限公司）

总　序

中等职业教育是我国教育体系的重要组织部分，是全面提高国民素质、增强民族产业发展实力、提升国家核心竞争力、构建和谐社会以及建设人力资源强国的基础性工程。为大力推进中等职业教育改革创新，全面提高办学质量，2010—2013 年，国家组织实施中等职业教育改革发展示范学校建设计划，中央财政重点支持 1 000 所中等职业学校改革创新，我校是第二批示范校建设单位之一。在近两年的示范建设过程中，我们与西南交通大学出版社合作开发了 28 本示范建设教材，且有 17 本即将公开出版，这是我校示范校建设取得的重要成果，也是弘扬学校特色和品牌的很好载体。

呈现在大家面前的这套系列教材，反映了我校近年教学科研工作的阶段性成果。从课程来源看，不仅有学校 4 个重点建设专业（道路与桥梁工程施工专业、汽车运用与维修专业、物流服务与管理专业、工程机械运用与维修专业）的课程，也有公共基础课程。从教材形态看，又可以分为两类：一是以知识性内容为主、兼顾实践性活动、培养学生综合素质的理实一体化教材；二是以学生实践为主的实训操作手册。教材的编写过程倾注了编者大量的心血，融入了作者独到的见解和心得，更是各专业科室集体智慧的结晶。

这套教材的开发，在学生学习状态分析的基础上，根据技能型人才培养的实际需要，积极实现职业岗位与专业教学的有机结合。这 17 本教材比较准确地把握了专业课程的特征，具备了一定的理论水平，突出了实践性、活动性，符合新课程理念，对我校课程建设将会产生深远的影响，对学生全面健康成长也会产生积极的作用，对创新中职学校人才培养模式与课程体系改革将起到引领和示范作用。

在内容上，这套教材有如下特点：一是对于基础知识教学以“必需、够用”为度，以讲清概念、强化应用为教学重点；二是根据职业岗位需求，基于工作过程为线索来组织写作思路；三是方法具体，基本技能可操作性强；四是表达简洁，图文并茂，形式生动活泼，学生易于理解、掌握和实践。

由于时间紧迫，加之编者理论和实践能力水平有限，书中难免存在一些不足，需要进一步修改、完善和充实。我们希望老师和同学们提出宝贵意见，希望读者和专家给予帮助指导，使之日臻完善！

四川交通运输职业学校

国家中等职业教育改革发展示范学校建设

系列教材编写委员会

2014 年 2 月

前　言

汽车技术的发展、汽车“机电一体化”技术的不断提高以及汽车维修技术不断更新，对汽车维修技术人员提出了较高的要求。

本教材为突出学生在校学习与实际工作的一致性,借鉴当代职业教育的最新理论与方法，结合职业院校学生的特点，从我校实际情况出发，贯穿“以市场为目标，以就业为导向，以培养具有较强实践动手能力、能够顶岗实习且适应汽车后市场和地方经济的高素质一线技术工人为目标”，有针对性地采取工学结合、任务驱动、项目导向、课堂理论教学与操作实习的一体化等行动导向的教学模式。

本教材有以下主要特点：

1. 课程的设置

本学习模块根据车辆维修作业，按车辆进厂—接车—下工单—吊装—各个小的维修项目—总装调试—出厂的顺序模式，让学生充分学习汽车动力电气设备维修的各个流程，并认真学习各学习任务。通过完成学习任务，最终给学生一种成功的感觉，提高学生学习兴趣。在学习过程中，严格要求学生按照生产车间的要求进行，规范学生对工具设备的使用，按 6S（6S 是指整理、整顿、清扫、清洁、素养、安全）来要求学生，培养学生的良好行为习惯和职业素养。

2. 教材编写形式

本教材在内容、格式、方法和侧重点上与以往教材都有所不同。以往教材习惯上把理论和实习分开编写，纯粹的理论讲解，学生学习枯燥无味；实习时单纯的机械操作，没有理论来指导，理论和实习严重脱节的现象较为突出。本教材把理论和实际工作内容融合在一起，便于学生学习吸收。本教材理论授课时可以看到实际的东西，使学生学习理论时知道如何实践，实践中学习理论知识。

3. 学习组织形式与方法

本课程采用学习站的任务式教学，学生理论教室和实训教室合二为一，使理论和实训能很好地结合起来。学生以小组学习的模式进行学习，在教师指导下或借助维修手册等资料，完成每个学习任务。在每个学习任务中，根据老师设计的问题和工作页作为引导，以完成工作页的形式完成任务及操作。学生在此基础上独立思考或小组合作，设计出自己不同的维修计划。每个小组选拔一名小组长，负责本小组学习任务中的各项基本管理工作，相当于生产车间的组长。学习过程中以学生自己主动学习为主，老师巡回指导为辅，小组相互讨论，锻炼学生的独立思考能力和团队协作精神。对学习任务要认真考虑、做好记录和自我评价与反思，最终由教师考核是否通过本学习模块的学习。

本书由四川省交通运输学校何陶华、税发莲和黄敏主编。由于编者经历和水平有限，书中不当之处在所难免，恳请使用本教材的师生和读者批评指正。

编　者

2014 年 1 月

目　录

学习任务一　蓄电池的检修

任务描述：

一位购买卡罗拉汽车已有 3 年的顾客开车进入 4S 站，他告诉该站的服务顾问近段时间车辆早上起动困难，并且喇叭声音低弱。请对蓄电池进行检查，如有必要进行检修或更换。

学习目标：

通过本学习任务的学习，应当能：

（1）了解蓄电池的结构及工作过程；

（2）知道蓄电池的作用及型号；

（3）掌握蓄电池的正确使用注意事项；

（4）小组密切合作，正确对蓄电池进行充电；

（5）小组密切合作，正确对蓄电池进行维护。

建议学时：8 课时

学习内容：

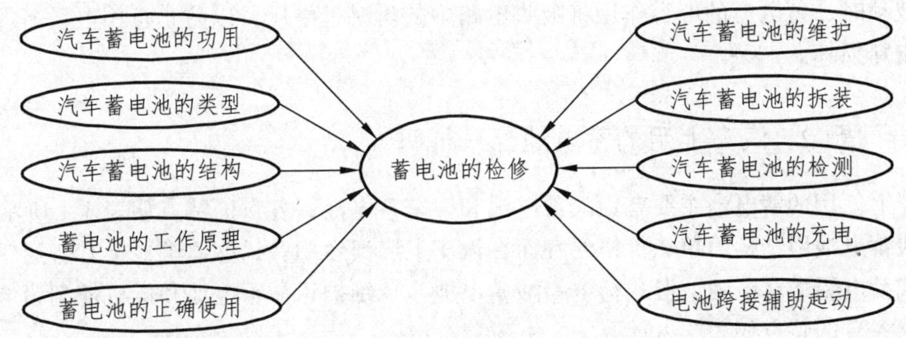

一、任务准备

引导问题 1：汽车上为什么要装蓄电池？

如图 1-1 所示，汽车蓄电池（俗称“电瓶”）是一种储能装置；是低压、可逆的直流电源；既能将化学能转换为电能，也能将电能转换为化学能；它与发电机并联，两者共同完成对汽车所有用电设备的供电工作。

图 1-1　汽车蓄电池

（1）发动机启动时，向起动机供电（大电流）。汽油机启动时除向起动机供电外，同时还向点火系、发电机激磁电路及仪表系供电。

（2）发动机停机和发电机故障不发电时，蓄电池负责向所有用电设备供电。

（3）用电超负荷时，由蓄电池协同发电机共同向用电设备供电，以防止发电机超负荷运行而损坏。

（4）汽车正常运行、用电量很小时，蓄电池可将发电机发出的剩余电能储存起来，即对蓄电池充电。

（5）蓄电池还相当于一个大容量的电容器，并联在汽车电路中。当电路因各种原因而产生电压波动时，蓄电池的电容作用将吸收电路中的瞬时过电压，以防止将用电设备尤其是电子设备击穿损坏。

引导问题 2：汽车上用的蓄电池都一样吗？

汽车上使用的蓄电池主要有铅酸蓄电池和镍碱蓄电池，各自的特点如表 1-1 所示。

铅酸蓄电池因结构简单、价格便宜而在汽车上广泛运用。铅酸蓄电池又有普通铅酸蓄电池、干式荷电铅酸蓄电池、湿式荷电铅酸蓄电池、免维护铅酸蓄电池和微机控制铅酸蓄电池等类型，各自的特点如表 1-2 所示。

表 1-1　汽车蓄电池的类型及特点

类　型	优　点	缺　点	适用车辆
铅酸蓄电池	结构简单；价格便宜；内阻小；电压稳定；可以短时间供给起动机强大的启动电流	容量小；使用寿命相对较短	一般车辆
镍碱蓄电池	容量大；使用寿命长；维护简单；能承受大电流放电而不易损坏	活性物质导电性差；价格较高	使用时间长、可靠性要求高的车辆

表 1-2　铅酸蓄电池的类型及特点

铅酸蓄电池的类型	特　点
普通铅酸蓄电池	蓄电池的极板不带电，使用前需按规定加注电解液并进行初充电，初充电的时间较长，使用中需要定期维护
干式荷电铅酸蓄电池	新蓄电池的极板处于干燥的已充电状态，蓄电池内部没有存储的电解液。极板组在干燥的条件下能够长期保存制造中所得的电荷。在规定保存期内使用只需加注符合规定密度的电解液，搁置 15 ~ 20 min 即可使用。使用中需要定期维护
湿式荷电铅酸蓄电池	与干式荷电铅酸蓄电池相比其存放电荷的时间要短一些
免维护铅酸蓄电池	使用中不需要维护，可使用 3 年左右不需要加蒸馏水，自放电少
微机控制铅酸蓄电池	电池上装有集成电路块和传感器，后者探测电池的物理环境和工作条件参数，集成块以传感器提供信息进行监控电池的电化学反应过程

引导问题 3：不同品牌或同一品牌不同车系车型汽车搭载的蓄电池如何进行区分？

汽车蓄电池的分辨主要是看蓄电池的型号，一般标注在维修手册中和外壳上。每个国家的技术标准不同，其产品型号的编号规则也略有不同。

1. 我国汽车蓄电池产品型号

我国汽车蓄电池产品型号由五部分组成，如图 1-2 所示，各部分含义如下：

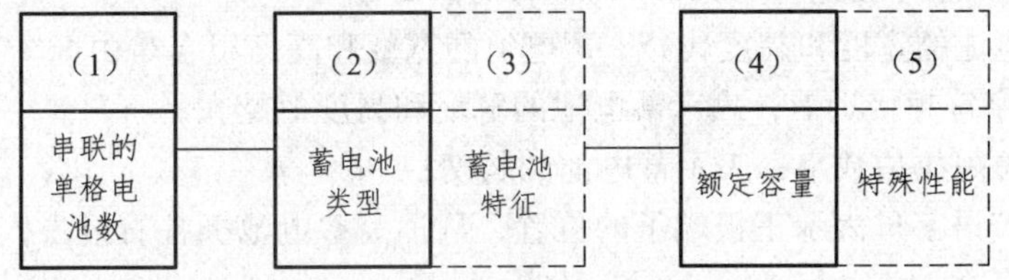

图 1-2　我国汽车蓄电池的型号

（1）——串联的单格电池数，用阿拉伯数字表示；

（2）——蓄电池的类型，用汉语拼音字母表示，Q 为启动用蓄电池；

（3）——蓄电池的特征如表 1-3 所示，用汉语拼音字母表示；

（4）——20 h 率放电额定容量，用阿拉伯数字表示；

（5）——特殊性能，用汉语拼音字母表示，G 表示薄型极板的高启动率电池、S 表示采用工程塑料外壳与热封合工艺的蓄电池。

表 1-3 蓄电池产品特征代号

序 号	产品特征	代 号	序 号	产品特征	代 号
1	干荷电	A	7	半密封式	B
2	湿荷电	H	8	液密式	Y
3	免维护	W	9	气密式	Q
4	少维护	S	10	激活式	I
5	防酸式	F	11	带液式	D
6	密封式	Q	12	胶质电解质式	J

例如，红旗盛世车用 6-QW-68 型蓄电池：由 6 个单格组成的额定电压为 12 V 的启动型免维护蓄电池，其额定容量为 68 A · h。

2. 日本汽车蓄电池的型号

日本汽车蓄电池型号由四部分组成，如图 1-3 所示。

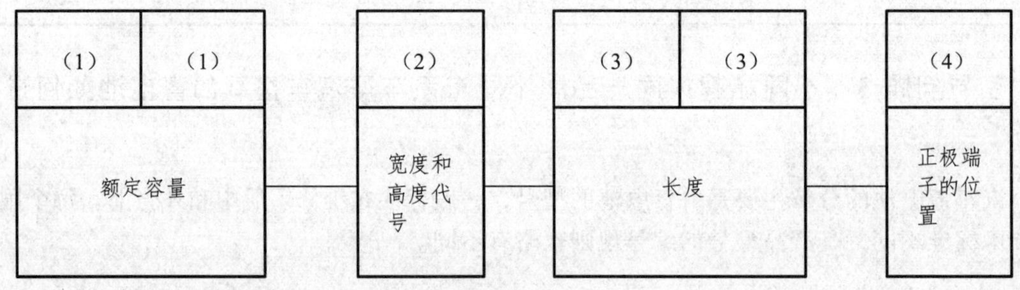

图 1-3 日本汽车蓄电池的型号

（1）——两位阿拉伯数字，表示 20 h 率放电额定容量；

（2）——蓄电池的宽度和高度代号。蓄电池的宽度和高度组合是由 8 个字母（A ~ H）中的一个表示的，字符越接近 H，表示蓄电池的宽度和高度值越大；

（3）——两位阿拉伯数字，表示蓄电池的长度；

（4）——用英语字母表示正极端子的位置，从远离蓄电池极柱看过去，正极端子在右端的标 R，正极端子在左端的标 L。

例如，丰田卡罗拉车用 55D23L 型蓄电池：大约 20.3 cm 长、17.4 cm 宽、20.5 cm 高的正极端子在左的蓄电池，其额定容量为 55 A · h。

引导问题 4：蓄电池的外观和内部构造是什么样子的？

如图 1-4 所示，铅酸蓄电池主要由壳体、正极板、负极板、电解液、隔板加液孔盖等组成。12 V 电气系统的燃油汽车，其蓄电池是由 6 个单格电池串联而成，每个单格电池的额定电压为 2 V。

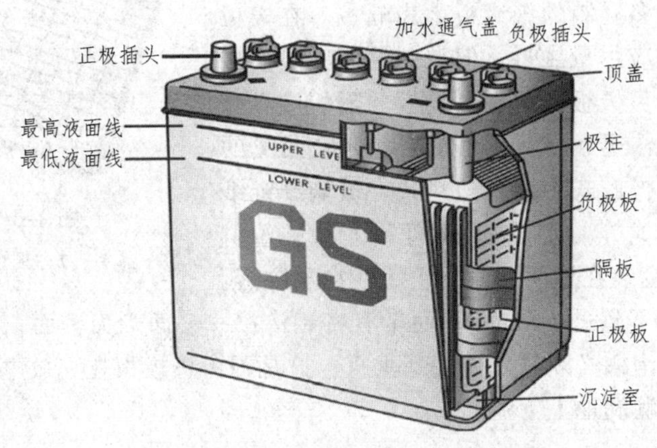

图 1-4　铅酸蓄电池的结构

1. 极　板

如图 1-5 所示，极板是蓄电池的核心部分，由栅架和活性物质组成。它分正极板和负极板，正极板上的活性物质是棕红色的二氧化铅（PbO_2），负极板上的活性物质是青灰色的海绵状纯铅（Pb），它们分别填充在合金铸成的栅架上。

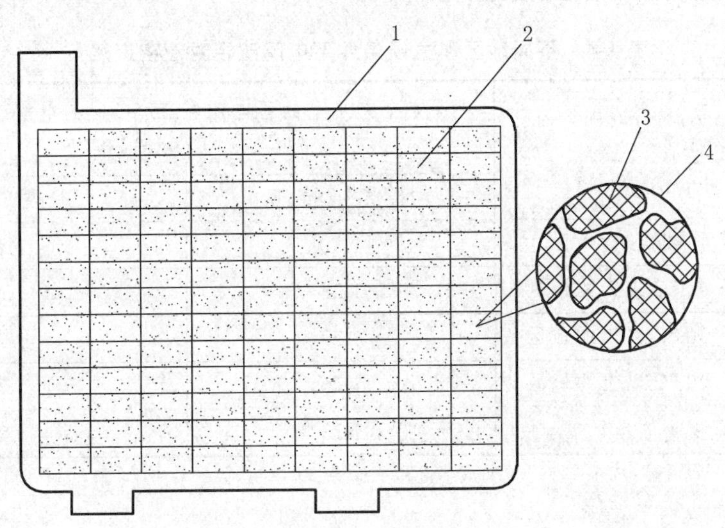

图 1-5　极板的构造

1—栅架；2—活性物质；3—颗粒；4—空隙

为了提高蓄电池的容量，将多片正极板和负极板分别并联，用横板焊接，组成正、负极板组。极板组的横板上连有极桩，各片间留有间隙。如图 1-6 所示，安装蓄电池单格电池极板总成时，正极板和负极板相互嵌合，中间插入隔板。每个单格中负极板的片数总要比正极板的片数多一片，以保证正极板处于负极板之间，使两侧充放电均匀。

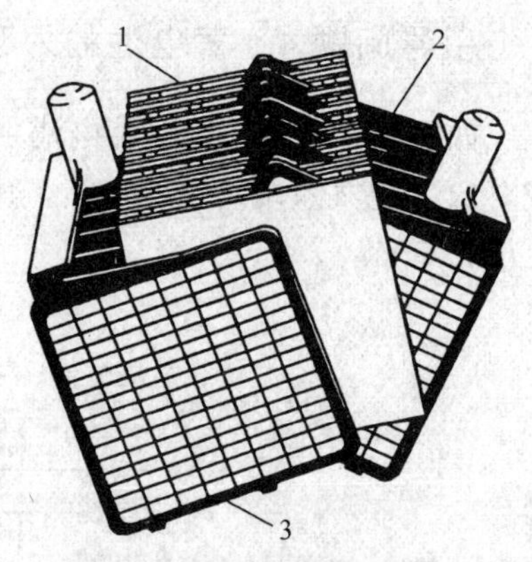

图 1-6　极板总成

1—隔板；2—正极板组；3—负极板组

2. 隔　板

正、负极板之间多孔制的绝缘板称为隔板。在极板总成中，正、负极板应尽量靠近，但彼此之间又不能接触，故在相邻的正、负极板之间加上隔板。隔板应具有多孔性，以便电解液渗透，且化学性能要稳定。常见的隔板有木质式、微孔橡胶式、微孔塑料式、玻璃纤维纸浆式和玻璃纤维丝棉式等，近年来出现了一种微孔塑料套袋，将正极板紧紧套装在里面从而防止活性物质脱落。蓄电池隔板厚度一般不超过 1 mm，一面带有特制沟槽，一面则为平面；安装时带沟槽的一面应面向正极板，且沟槽必须与外壳底部垂直；这是因为正极板在充放电过程中化学反应激烈，沟槽能使电解液顺利地上下流通。

3. 电解液

电解液由纯净的硫酸和蒸馏水按一定的比例配制而成，其成分用密度表示，一般为 1.24～1.30 g/cm^3。它是蓄电池内部发生化学反应的重要物质，对蓄电池的工作有重要影响。电解液密度大，可以减少结冰的危险并提高蓄电池的容量，但密度过大，由于黏度增加，反而降低蓄电池的容量。如表 1-4 所示，根据我国地域辽阔气候条件复杂的特点，统一规定了不同地区和气候条件下电解液相对液密度值。

表 1-4　不同地区和气候条件下电解液相对液密度表

气候条件	完全充足电的蓄电池在 25 °C 时的电解液相对密度（g/cm^3）	
	冬　季	夏　季
冬季温度低于零下 40 °C 的地区	1.30	1.26
冬季温度在零下 40 °C 以上的地区	1.28	1.24
冬季温度在零下 30 °C 以上的地区	1.27	1.24
冬季温度在零下 20 °C 以上的地区	1.26	1.23
冬季温度在 0 °C 以上的地区	1.23	1.23

4. 壳　体

蓄电池的壳体是用来盛放极板总成和电解液的，外形为长立方体，内部分割成互不相通的 6 个单格（12 V 电气系统）电池槽，底部有凸筋（肋条），用以支撑极板总成，如图 1-7 所示。凸筋之间的空隙可以积存极板脱落的活性物质，防止正、负极板因接触而短路。近年壳体多由聚丙烯塑料制成，具有一定的耐酸、耐热、耐寒、耐震、耐冲击性能和良好的绝缘性能。

如图 1-8 所示，非免维护铅酸蓄电池每个单格上都有一个加液孔，加液孔用来向蓄电池单格内加注电解液或蒸馏水。加液孔孔盖上设有通气孔，在充电时，使产生的氢气及氧气能逸出，以防聚积过多气体而发生爆炸。

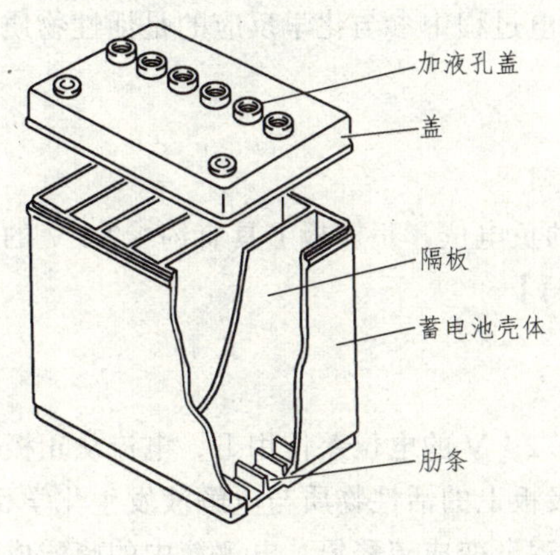

图 1-7　蓄电池壳体

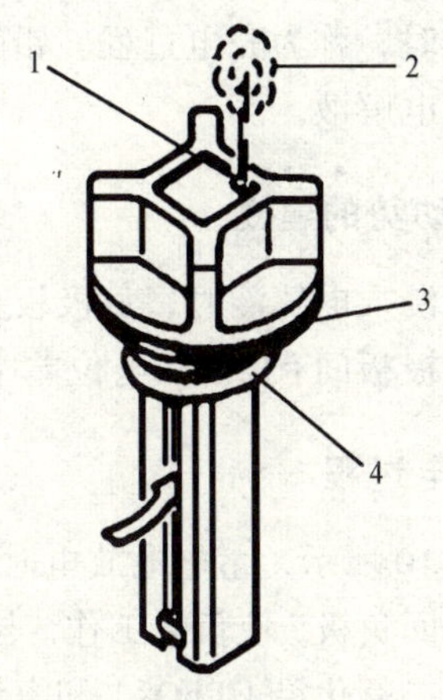

图 1-8　普通蓄电池加液孔盖

1—通气孔；2—气体；3—垫片；4—螺纹

免维护铅酸蓄电池外壳采用密封结构，没有加液孔。这是由于免维护蓄电池采用铅钙合金栅架，充电时产生的水分解量少，水分蒸发量低；同时在壳体上部通气孔设有安全装置，收集水蒸气和硫酸蒸气的集气室，待其冷却后变成液体重新流回电解液内。通气孔中还装有催化剂钯，可使充电时产生的氢气与氧气合成为水蒸气，冷却后再返回电解液内。

为了便于检查电解液密度，了解存电情况，免维护蓄电池在其内部设有温度补偿式密度计，如图 1-9 所示。密度计会根据电解液密度变化而改变颜色来指示蓄电池充电和存电状态（不同类型的免维护蓄电池，颜色有所不同）；显示绿色时，表示蓄电池存电充足；显示绿色模糊或黑色时，表示蓄电池需要补充充电；显示淡黄色或红色时，表示需要更换蓄电池。

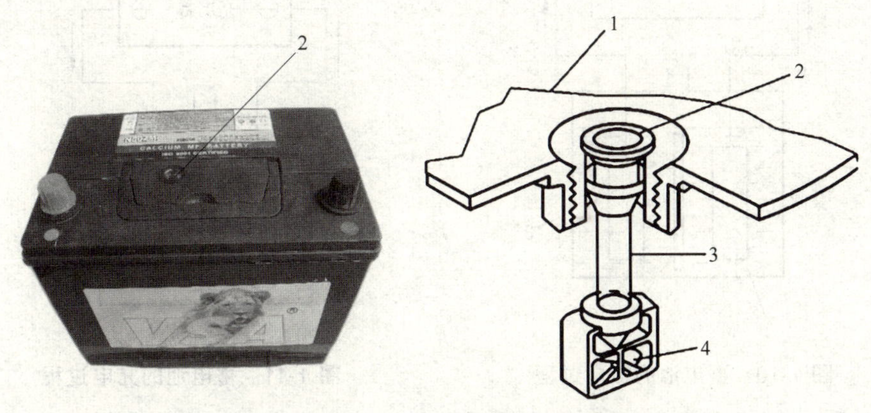

图 1-9　免维护蓄电池相对密度计

1—蓄电池顶部；2—相对密度计（观察孔）；3—无色塑料杆；4—绿色小球

引导问题 5：蓄电池怎么工作的？

燃油汽车铅酸蓄电池的工作过程就是化学能与电能的相互转化过程。当蓄电池将化学能转化为电能向外供电时，称为放电过程；当蓄电池与外界直流电源相连而将电能转化为化学能储存起来时，称为充电过程。铅酸蓄电池充、放电过程中参与化学反应的是活性物质铅、二氧化铅和电解液。

1. 电动势的建立

当极板浸入电解液时，负极板具有约 –0.1 V 的负电位，正极板上具有约 +2.0 V 的正电位，正、负极板间有 2.1 V 电位差【$E=2.0-(-0.1)$】。

2. 放电过程

如图 1-10 所示，蓄电池放电时外电路接通，在 2.1 V 的电位差作用下，电流从正极流出经过负荷流回负极，使负载工作。与此同时，正负极板上的活性物质与电解液发生化学反应，两极板上的二氧化铅（PbO_2）和海绵状纯铅（Pb）逐渐变成硫酸铅，电解液中的硫酸成分逐渐减少，电解液的密度逐渐降低。放电过程结束时两极板间的电位差减小为“0”。

放电过程中化学反应方程式为：

$$PbO_2 + 2H_2SO_4 + Pb \longrightarrow 2PbSO_4 + 2H_2O$$

3. 充电过程

如图 1-11 所示，放电过程是充电过程的逆反应，外接直流电源的正极接蓄电池的正极板，电源的负极接蓄电池的负极板。当直流电源的电动势高于蓄电池的电动势时，电流将以放电电流相反的方向流过蓄电池。其化学反应是为：

$$2PbSO_4 + 2H_2O \longrightarrow PbO_2 + 2H_2SO_4 + Pb$$

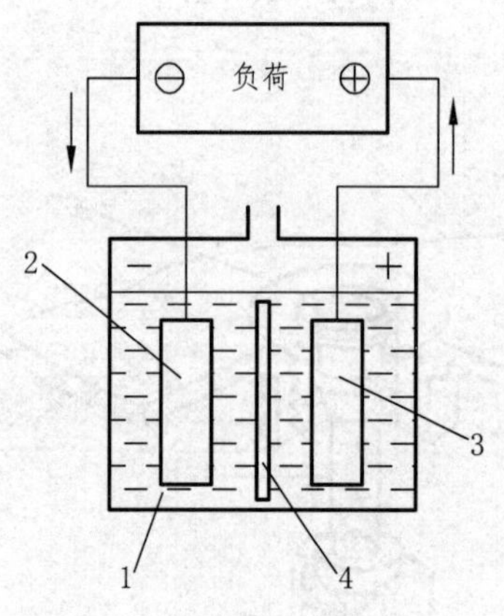

图 1-10 蓄电池的放电过程

1—电解液；2—负极板；3—正极板；4—隔板

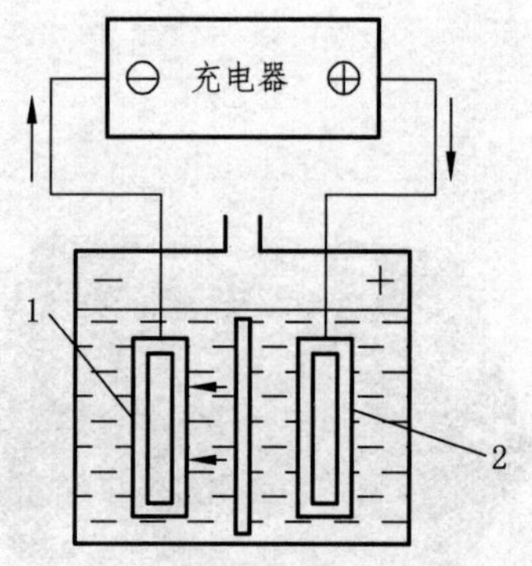

图 1-11 蓄电池的充电过程

1—负极板；2—正极板

充电结束的标志是极板上的活性物质和电解液完全恢复到放电前的状态。充电结束后若不断开充电电路，就要引起水的分解，正负极板上会冒出气泡（正极板冒氧气泡，负极板冒氢气泡）。

综上所述，燃料汽车铅酸蓄电池充、放电过程中的可逆化学反应方程式为：

$$Pb(\text{负极}) + PbO_2(\text{正极}) + 2H_2SO_4 \underset{\text{放电}}{\overset{\text{充电}}{\rightleftharpoons}} 2PbSO_4 + 2H_2O$$

引导问题 6：怎样正确使用蓄电池?

目前汽车上用的铅酸蓄电池使用寿命一般为 1 ~ 3 年，要使其寿命较长，应该正确使用并注意维护。蓄电池的正确使用要注意“三抓”、“五防”。

1. 三 抓

（1）抓及时、正确充电。放完电的蓄电池应在 24 小时内补充充电。

（2）抓清洁保养。清洁蓄电池表面污物；电解液洒到表面应用抹布蘸浓度为 10% 的苏打水或碱水擦拭；极柱出现氧化物时应清除（注意涂抹凡士林或润滑脂）；保持通气孔畅通。

（3）抓正确使用操作。起动汽车时，起动机每次起动时间不超过 5 s，两次使用起动机应间隔 15 s，连续起动不超过 3 次；安装、搬运蓄电池应轻搬轻放，不可敲打、拖拽；安装蓄电池时应固定牢固。

2. 五 防

（1）防止蓄电池充电时过充电、充电电流过大（电压过高）；

（2）防止过度放电、长时间亏电；

（3）防止电解液液面过低；

（4）防止电解液密度过高（寒冷地区注意蓄电池的保温）；

（5）防止电解液内部混入杂质，以保证其纯度。

小提示：长时间（30 天以上）停驶的汽车，应做到：断开蓄电池负极搭铁线；制订一个常规日程表，每 20 ~ 45 天给蓄电池充一次电。

引导问题 7：蓄电池常见故障有哪些?

如表 1-5 所示，蓄电池常见故障有经常存电不足、不能存电、电解液消耗过快及极板硫化等。

表 1-5 蓄电池故障征兆表

故障现象	可能故障部位	排除方法
经常处于存电不足状态 （观察孔绿点模糊或黑色）	1. 发电机 2. 调节器 3. 线束	1. 检修或更换 2. 更换 3. 检修
不能存电（观察孔透明或黄色）	蓄电池	更换

续表 1-5

故障现象	可能故障部位	排除方法
电解液消耗过快	1. 调节器 2. 蓄电池	1. 检修或更换 2. 更换
极板硫化（极柱处有大量晶粒出现）	1. 发电机及调节器故障 2. 蓄电池本身	1. 检修 2. 检修或更换
蓄电池自放电	蓄电池本身	更换
活性物质脱落（电解液泛红）	蓄电池本身	更换

二、任务实施

引导问题 8：完成蓄电池检修任务，需要使用的设备、工具和量具有哪些？

（1）设备：丰田卡罗拉汽车、蓄电池、充电机、智能检测仪。

（2）防护用品：安全手套、护目镜、转向盘护套、选挡杆手柄套、座位套、脚垫、翼子板和前格栅磁力护裙。

（3）工量具：螺丝刀、开口扳手、万用表、电解液密度计、高率放电计、 钢丝刷、细铁丝、玻璃管、钢直尺。

（4）材料：热水、纯碱、棉纱、凡士林或润滑脂、蒸馏水、密度为 1.835 g/cm^3 的纯硫酸。

引导问题 9：在对卡罗拉汽车蓄电池检修前，应做哪些准备工作？

（1）清洁工位，准备好相关的工具、量具。

（2）打开车门，套上方向盘罩、脚垫、驾驶员座椅罩、变速杆罩及手制动杆罩，如图 1-12 所示。

（3）将汽车停驻在举升机中央位置，拉紧驻车制动器操纵杆，并将变速杆置于空挡位置，安装好车轮挡块，如图 1-13 所示。

图 1-12 套上室内五件套

图 1-13 汽车停驻在举升机中央位置

（4）在车内拉动发动机舱盖手柄，如图 1-14 所示。

（5）在车外打开并支撑发动机舱盖，装好三件套，拆卸发动机后部右侧底罩、散热器上空气导流罩、2 号气缸盖罩，如图 1-15 所示。

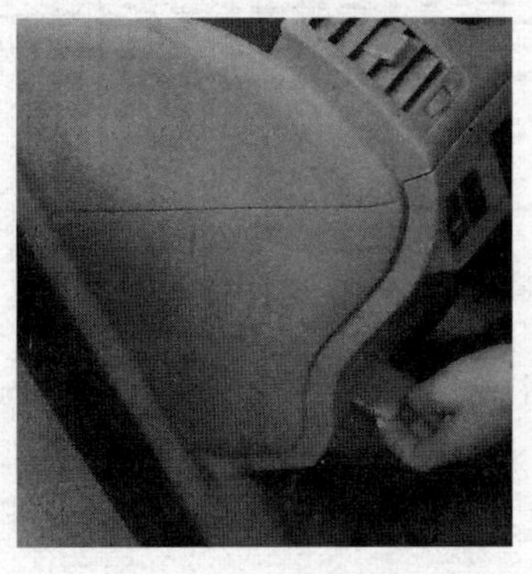

图 1-14　拉动发动机舱盖手柄

图 1-15　安装三件套

引导问题 10：怎样对汽车蓄电池进行拆卸？

（1）抄录该车故障码和记录音响、防盗系统密码，断开蓄电池负极电缆；

（2）打开正极柱绝缘胶盖、断开蓄电池正极电缆；

（3）拆卸蓄电池固定支架和底部的固定螺栓；

（4）抬出需拆卸的蓄电池。

引导问题 11：如何对蓄电池外部及电解液高度进行检查？

（1）检查蓄电池托架是否存在明显开裂或损坏（破损严重，则应更换蓄电池）。

（2）用温水清洗蓄电池外部的灰尘泥污。

> **小提示：**对普通铅酸蓄电池极柱清洁前要拧紧加液孔盖，防止清水、苏打水或碱水进入蓄电池内部。

（3）检查蓄电池极柱有无破损（破损严重，则应更换蓄电池）、有无氧化物附着（有附着则用苏打水或碱水擦拭，然后涂一层薄薄的工业凡士林或润滑脂）。

（4）检查蓄电池壳体有无开裂和损坏（有破裂导致电解液流失，则应更换蓄电池）。

（5）检查加液盖通气孔是否畅通（不畅则用细铁丝疏通）。

（6）检测蓄电池电解液液面高度。有以下三种方法：

方法一　液面高度指示线法：蓄电池塑料壳体上有最低和最高水平线，电解液要求应在此两条线之间。

① 将蓄电池放置于表面平整的工作台上；

② 观察蓄电池液面高度，如图 1-16 所示；

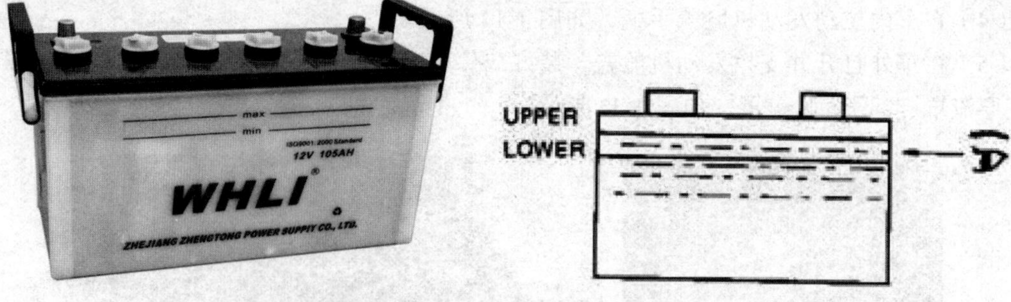

图 1-16　蓄电池电解液液面高度检测

③ 结论：电解液液面低于最低水平线时添加蒸馏水。

方法二　玻璃管测量法，如图 1-17 所示。

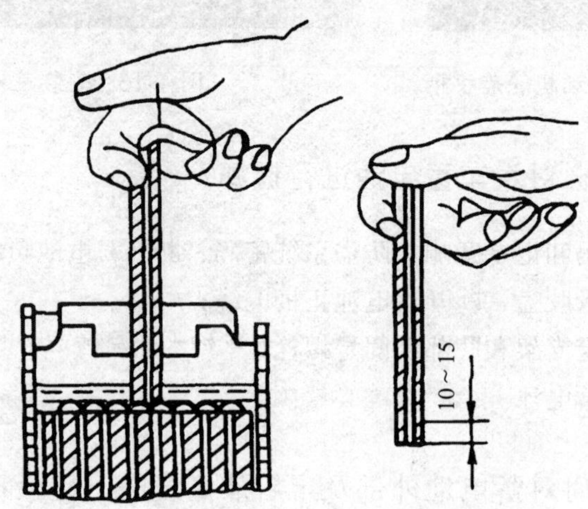

图 1-17　蓄电池电解液液面高度玻璃管检测法

① 打开蓄电池的加液盖；

② 用一空心玻璃插入到蓄电池电解液内极板的上平面处；

③ 用大拇指按紧玻璃管上端使管口密封，提起玻璃管；

④ 提起玻璃管，测量玻璃管内的液面高度（此高度即为蓄电池电解液液面高出极板的高度）；

⑤ 结论：电解液液面偏低时添加蒸馏水；

⑥ 装复蓄电池的加液盖。

方法三　加液孔观察判断法，如图 1-18 所示：部分进口小汽车在电解液加液孔内侧的标准液面位置处开有方视孔。

① 打开蓄电池的加液盖（普通铅酸蓄电池）；

② 观察；

③ 结论：若液面在方孔的下面则液面过低；若液面正好与方孔平齐则液面高度为标准值；当液面满过方孔而充满加液口底部以上时为过多。

④ 装复蓄电池的加液盖。

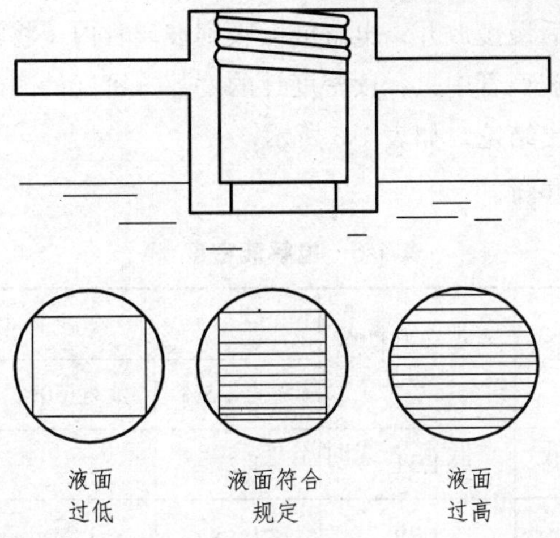

图 1-18　蓄电池电解液液面高度加液孔观察判断法

小提示：

1. 玻璃管测量法检测蓄电池电解液液面高度标准值为 10～15 mm，正常降低时应补蒸馏水，使之达到标准值。

2. 只有确切知道电解液洒出或溅出时，才向蓄电池内添加硫酸溶液，否则应添加蒸馏水。

3. 免维护蓄电池在整个使用周期内无需添加蒸馏水和硫酸溶液。

引导问题 12：怎样检查蓄电池电解液密度？

用密度计测量电解液密度（准备密度计），具体步骤如下：

（1）打开蓄电池的加液盖；

（2）把密度计下端的橡皮管伸入单格电池的加液孔内，如图 1-19 所示；

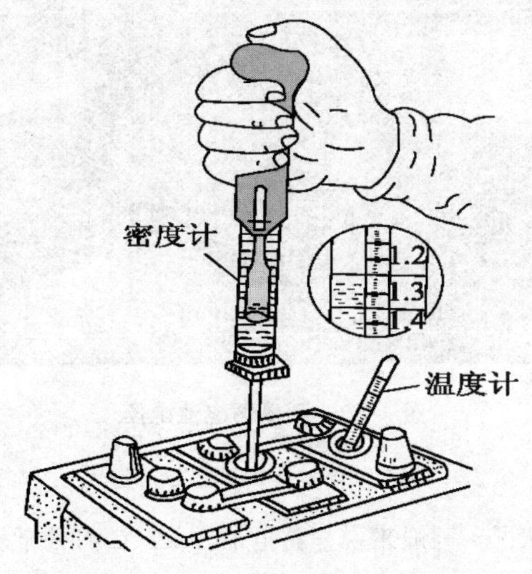

图 1-19　蓄电池电解液密度检查

（3）捏一下橡皮球然后慢慢放开，电解液会吸到玻璃管内（将浮子浮起为宜）；

（4）使管内浮子浮在玻璃管中央，读密度计的度数（密度计刻度线与眼睛平齐）；

（5）与标准值比较得出结论，如表 1-6 所示；

（6）装复蓄电池加液孔盖。

表 1-6　电解液密度　　（单位：g/cm³）

气　温	充足电时电解液密度	放电时电解液密度			
		放电 25%	放电 50%	放电 75%	放电 100%
冬季气温低于－40 °C 的地区	1.31	1.27	1.23	1.19	1.15
冬季气温高于－40 °C 的地区	1.29	1.25	1.21	1.17	1.13
冬季气温高于－20 °C 的地区	1.27	1.23	1.19	1.15	1.11
冬季气温高于 0 °C 的地区	1.24	1.20	1.16	1.12	1.09

小提示：免维护蓄电池设有内装式密度计（充电状态指示器），根据指示器的颜色判定。

引导问题 13：该车蓄电池当前存电充足吗？（开路电压测量）

（1）用万用表测量蓄电池开路电压，红表笔接蓄电池正极接线柱，黑表笔接蓄电池负极接线柱，如图 1-20 所示。

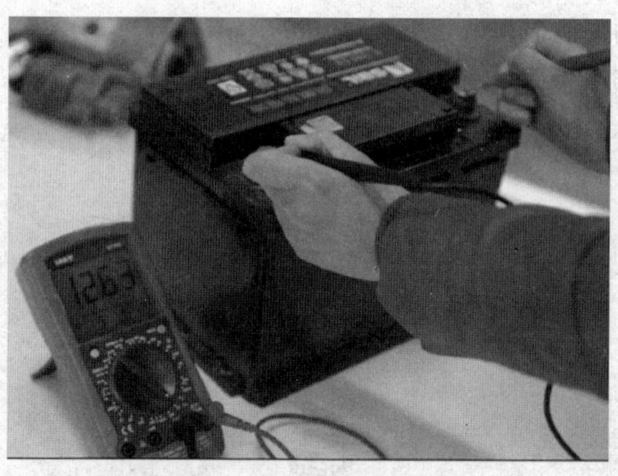

图 1-20　测量蓄电池电压

（2）读取并记录数据。

（3）判定蓄电池存电状况。一般来说，蓄电池在 25 °C 时处于较佳的读数应为 12.4 V 左右，若存电状态达到 75% 及以上，就可以认为蓄电池存电充足，其对应关系如表 1-7 所示。

表 1-7　蓄电池开路电压的检测结果与存电状态的关系

开路电压/V	存电状态
12.6 及以上	100%
12.4 ~ 12.6	70% ~ 100%
12.2 ~ 12.4	50% ~ 70%
12.0 ~ 12.2	25% ~ 50%
11.7 ~ 12.0	0 ~ 25%
11.7 及以下	0

小提示：刚充过电的蓄电池或刚行驶过的汽车，在进行开路电压测量时，应在蓄电池拆卸后静置 10 min（或接通前照灯远光电路 30 s 后关闭灯光开关，取出点火钥匙），让蓄电池的电压稳定后再进行测量。

引导问题 14：怎样用高率放电计检测蓄电池的启动能力和放电程度？

检测蓄电池单格启动能力和放电程度的是 3 V 高率放电计，检测汽车 12 V 电气系统蓄电池的启动能力和放电程度的是 12 V 高率放电计，如图 1-21 所示。

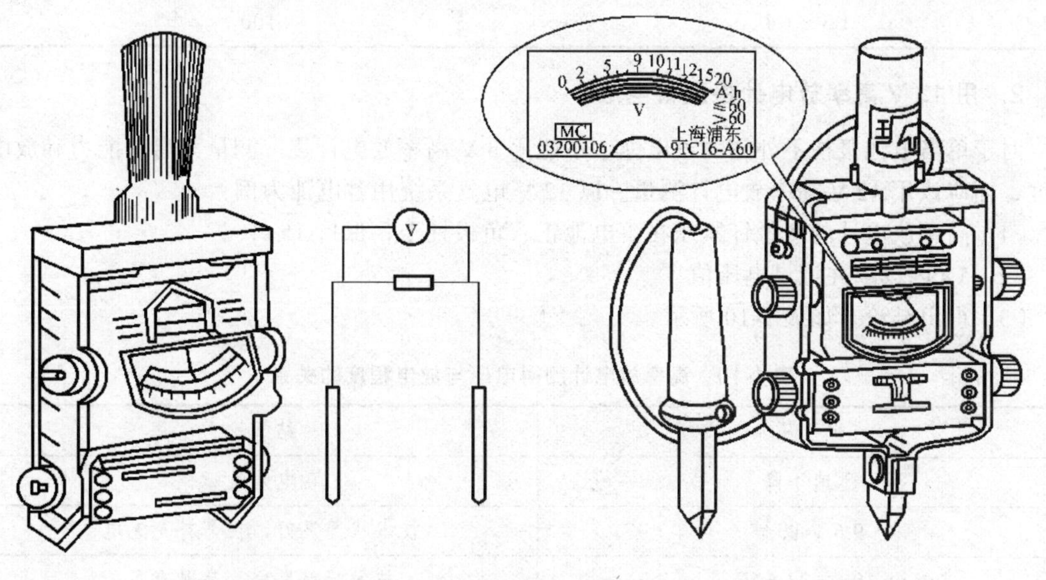

（a）3 V 高率放电计　　（b）12 V 高率放电计

图 1-21　高率放电计

1. 用 3 V 高率放电计测量单格电池的端电压

步骤如下：

（1）高率放电计的两触针紧压在蓄电池一个单格的正、负极柱上，保持 5 s；

（2）读取并记录电压值；

（3）得出结论，如表 1-8、表 1-9 所示。

表 1-8　高率放电计测得的蓄电池单格电压与其技术状况的对应关系

电　压	结　论
1.5 V 以上并在 5 s 内保持稳定	技术状况良好
低于 1.5 V 并在 5 s 内保持稳定	放电过多，需补充充电
低于 1.5 V 并在 5 s 内迅速下降	有故障
无电压	内部短路、短路、严重硫化故障
备注：蓄电池启动能力和放电程度检查时应逐一检查其每一个单格，对每个单格做出结论。	

表 1-9　高率放电计测得单格电压与放电程度的关系

电压/V	放电程度/%
1.7 ~ 1.8	0
1.6 ~ 1.7	25
1.5 ~ 1.6	50
1.4 ~ 1.5	75
1.3 ~ 1.4	100

2. 用 12 V 高率放电计检测蓄电池

对于单格电池极柱不外露的蓄电池，不能用 3 V 高率放电计逐一测量其启动能力和放电程度，而应该用 12 V 高率放电计测量。以 12 V 电气系统用蓄电池为例：

（1）高率放电计的两触针紧压在蓄电池正、负极柱上，保持 15 s；

（2）5 s 内读取并记录电压值；

（3）得出结论，如表 1-10 所示。

表 1-10　高率放电计测得电压与放电程度的关系

电　压	结　论
迅速下降	蓄电池故障
9.6 V 以上	技术状况良好，但需补充充电
10.6 ~ 11.6 V	技术状况良好，存电充足
测量时注意：放电 20 s 停 3 min，连续 3 次放电，以第 3 次为准。	

小提示：进行起动能力和放电程度检测的蓄电池要求存电 75% 以上（一般 25 °C 时开路电压应为 12.4 V 及以上），如若不然应先补充充电再进行测试。

将蓄电池技术状况检测结果记录于表 1-11 中，并分析检测结果。

表 1-11　蓄电池技术状况检测结果记录表

检查项目		标准值	检测结果	结果分析
蓄电池外观检查	托架	无开裂、无损坏		
	极柱	无破损、无氧化物		
	外壳	无开裂、无损坏		
	加液盖通气孔	畅　通		
电解液液面高度检查	指示线法	电解液液面高度位于最低和最高水平线之间		
	玻璃管测量法	电解液液面高于极板 10 ~ 15 mm		
	加液孔观察判断法	液面正好与方孔平齐		
电解液密度检查		不同密度对应的电压见表 1-6		
蓄电池开路电压检测		大于 12.6 V		

引导问题 15：如何对蓄电池充电？

蓄电池的充电种类有初充电、补充充电、间歇过充电、循环锻炼充电和去硫化充电。新蓄电池（或更换极板后的蓄电池）使用前的第一次充电称为蓄电池的初充电；在用蓄电池因存电不足进行的充电称为补充充电；预防蓄电池在使用中极板硫化的充电叫间歇过充电（一般每隔 3 月进行一次）；为防止蓄电池的极板钝化进行的保养性充电称为循环锻炼充电；消除极板硫化的排除故障性充电称为去硫化充电。

对汽车蓄电池进行充电时，根据情况不同可以选择不同的方法。其充电方法分别有定电流充电、定电压充电和快速脉冲充电。汽车蓄电池在装车使用中进行的是定电压补充充电。

当今汽车维修企业在对客户车辆进行蓄电池维护作业时常常会进行补充充电，充电的方法常有定电流充电和定电压充电。

1. 定电流充电

定电流充电的步骤为：

（1）打开蓄电池加液孔盖（普通铅酸蓄电池）。

（2）连接充电机的正极与蓄电池的正极。

（3）连接充电机的负极与蓄电池的负极。

（4）连接充电机的电源。

（5）开始充电：

第一阶段充电——充电电流为蓄电池额定容量的 1/10，当蓄电池单格电压达 2.3 ~ 2.4 V（电解液开始“冒气泡”）时第一阶段充电结束。

第二阶段充电——充电电流减半（额定容量的 1/20），充至单格电压达 2.5 ~ 2.7 V，蓄电池内产生大量气泡，电解液呈“沸腾”状，结束充电。

（6）关闭充电机开关并断开线路连接。

（7）拧紧加液孔盖。

2. 定电压充电

定电压充电的步骤为：

（1）打开蓄电池加液孔盖（普通铅酸蓄电池）；

（2）连接充电机的正极与蓄电池的正极；

（3）连接充电机的负极与蓄电池的负极；

（4）连接充电机的电源；

（5）选择充电电压（单格充电电压约 2.5 V）；

（6）充电：充电电流随充电电压增加而减小；

（7）充电电流降到零，并在 2 ~ 3 h 内基本不变，蓄电池充电结束，关闭充电机开关并断开线路连接；

（8）拧紧加液孔盖。

引导问题 16：怎样装复蓄电池？

（1）将蓄电池放入蓄电池托架；

（2）连接蓄电池固定支架和固定螺栓；

（3）连接蓄电池正极电缆，盖好极柱绝缘胶套；

（4）连接蓄电池负极电缆；

（5）安装蓄电池防护板、发动机舱防护板；

（6）关闭发动机罩。

小提示：

1. 蓄电池装复后转动电池极柱检查连接是否牢固；

2. 蓄电池装复后给蓄电池的两极柱涂抹凡士林（或润滑脂），以防氧化生锈影响导电性；

3. 装复蓄电池后起动汽车检查电气系统是否存在异常（断电换蓄电池会造成部分电器无法正常工作，仪表处会有指示灯提醒指示）。

引导问题 17：汽车蓄电池存电不足导致不能起动的应急办法是什么？

当在用汽车因蓄电池存电不足导致汽车不能起动时，通常采用跨接法辅助汽车起动，其方法为：

（1）将施救汽车（或施救蓄电池）靠近蓄电池完全放电汽车，并保证两车车身不要意外连接。

（2）确定两个蓄电池的正极（+）和负极（-），使用电缆先将没电的蓄电池的正极端子与救援车电池的正极端子连接，再将救援车电池的负极端子与没电汽车发动机内的金属部分连接（接地线）。布置好电缆的走向，防止起动时电缆与胶带或风扇剐蹭。

（3）关闭车上所有附属用电设备，起动提供电源的蓄电池所在的车辆，使其发动机运转几分钟以保证电量充足。

（4）按正常方式起动无电车辆，起动后应轻踩加速踏板，使发动机在 2 000 r/min 运转几分钟。

（5）关闭两辆车的点火开关，按与连接跨接电缆相反的顺序取下跨接电缆，注意避免正、负极电缆接头相碰。

三、评价与反馈

1. 任务实施考核成绩评定（见表 1-12）

表 1-12　蓄电池的检修考核表

考核项目及分值	考核内容	评分标准	评分记录
准备工作（10 分）	1. 清洁工量具及工作台 2. 套上方向盘罩、脚垫、驾驶员座椅罩、变速杆罩及手制动杆罩 3. 安装三件套	1. 未清洁工量具及工作台扣 2 分 2. 未套上转向盘护套、变速杆手柄套和座位套，未铺设脚垫，一项扣 2 分 3. 未安装三件套扣 5 分	
蓄电池的拆卸与组装（20 分）	1. 蓄电池的拆卸方法步骤 2. 蓄电池的组装方法步骤	1. 蓄电池的拆卸方法步骤不正确扣 1～10 分 2. 蓄电池的组装方法步骤不正确扣 1～10 分	
蓄电池检测（30 分）	1. 目视检查 2. 蓄电池开路电压检测 3. 电解液液面高度检查 4. 电解液密度检查	1. 目视检查不正确扣 1～3 分 2. 蓄电池开路电压检测方法不正确扣 4 分、结论不正确扣 5 分 3. 电解液液面高度检查方法不正确扣 4 分、结论不正确扣 5 分 4. 电解液密度检查方法不正确扣 4 分、结论不正确扣 5 分	
蓄电池的充电（30 分）	1. 充电方法选择 2. 充电电路连接	1. 充电方法不正确扣 20 分 2. 充电电路连接不正确扣 10 分	
收尾工作（10 分）	1. 清洁设备、工量具、工作台 2. 工、量具应摆放整齐 3. 遵守安全操作规范，正确使用工量具	1. 未清洁扣 1～3 分 2. 未摆放整齐一件计扣 1～3 分 3. 发生安全事故扣 1～4 分	
考核时限（10 分）	完成全部考核内容规定用时为 20 min	1. 超时每分钟扣 5 分 2. 超时 5 min 即停止记分	

2. 任务过程评价与反馈（见表 1-13 和表 1-14）

表 1-13　任务过程评价表

考核项目	评分标准	分数	成绩	过程评价
劳动纪律	有无迟到、早退和旷工	5		
团队合作	是否和谐	5		
活动参与	是否精彩	5		
安全生产	有无安全隐患	10		
操作过程	是否正确、熟练	30		
任务质量	是否圆满完成	10		
工具、设备使用	是否规范、标准	10		
工作页填写	是否完整、规范	15		
现场 5S	是否做到	10		
总　分		100		

注：没有按照操作流程操作，出现人身伤害或设备严重事故，本任务考核结果为 0 分。

表 1-14　任务过程反馈表

反馈内容	回答
你是否完成本学习任务，并得到老师的确认？	
你是否能准确有效地收集、分析和组织完成资料，正确的交流信息？	
你是否已经掌握预期的知识和必备的技能？	
你是否充分使用学习资源和按计划有组织地达成目标？	
操作完成水平： 上述表格中的项目应为肯定回答。若不是，应咨询老师。你可以要求附加相关活动，以便完成相关的操作技能。 教师签字：____________ 学生签字：____________ 完成日期：____________	

四、学习拓展

1. 查阅资料，了解汽车用镍碱蓄电池的构造和工作原理。

学习任务二　发电机的检修

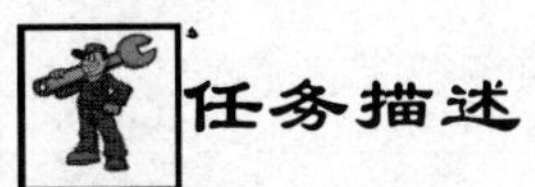

任务描述：

一位购买卡罗拉汽车的顾客开车进入 4S 站，他告诉该站的服务顾问车辆在夜间行驶中大灯灯光暗淡。请对发电机进行检查，如有必要进行检修或更换。

学习目标：

通过本学习任务的学习，应当：

（1）了解汽车交流发电机调节器的工作原理；

（2）知道汽车交流发电机的工作过程；

（3）掌握发电机的作用、型号和结构；

（4）小组密切合作，正确拆卸汽车交流发电机；

（5）小组密切合作，正确检修汽车发电机。

建议学时：10 课时

学习内容：

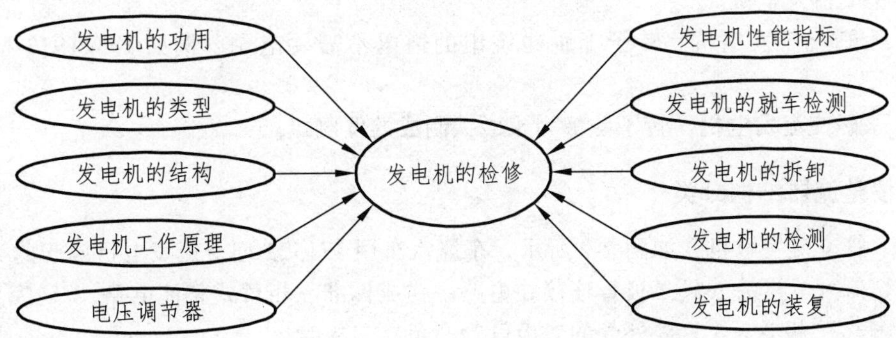

一、任务准备

引导问题 1：汽车上为什么要安装发电机?

发电机的作用是在发动机正常运转（怠速以上）时将其部分机械能转变为电能，向所有用电设备（起动机除外）供电，同时向蓄电池进行补充充电。图 2-1 为丰田卡罗拉汽车上的交流发电机。

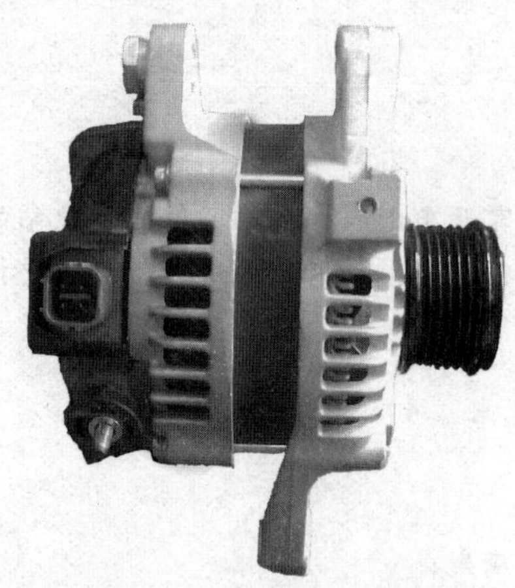

图 2-1　汽车交流发电机

引导问题 2：汽车上安装的发电机有哪几类?

汽车交流发电机可以按照不同的分类方法进行分类。

1. 按总体结构分类

（1）普通交流发电机，无特殊装置和特殊功能，使用时需要配装电压调节器，例如东风汽车用 JF1522A 型交流发电机。

（2）整体式交流发电机，发电机和调节器制成一个整体，例如捷达轿车用 JFZ1813 型交流发电机。

（3）带泵的交流发电机，发电机和汽车制动系统用真空助力泵安装在一起，例如车用 JFB1712 型交流发电机。

（4）无刷交流发电机，转子上励磁绕组的通电不需要电刷，例如 JFW1913 型交流发电机。

（5）永磁交流发电机，转子磁极为永磁铁制成的发电机。

2. 按整流器结构分类

（1）6 管交流发电机，如图 2-2 所示，东风汽车用 JF1522 型交流发电机属于此类。

6 管交流发电机的 6 只二极管连接在电路中构成标准三相桥式整流电路，3 只接 B + 的二极管为“正”二极管，3 只接外壳的二极管为“负”二极管。

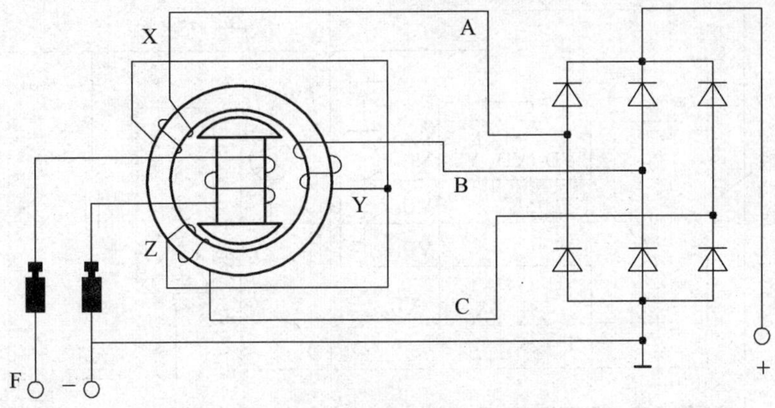

图 2-2　6 管交流发电机电路

（2）8 管交流发电机，如图 2-3 所示，天津夏利汽车用 JFZ1542 型交流发电机属于此类。

8 管交流发电机和 6 管交流发电机的基本结构相同，不同之处在于它有 8 只硅整流二极管，其中 6 只组成三相全波桥式整流电路，2 只是中性点二极管。中性点二极管中的 1 只正极管接在中性点和正极之间，1 只负极管接在中性点和负极之间，对中性点电压进行全波整流，其接线柱的记号为“N”。

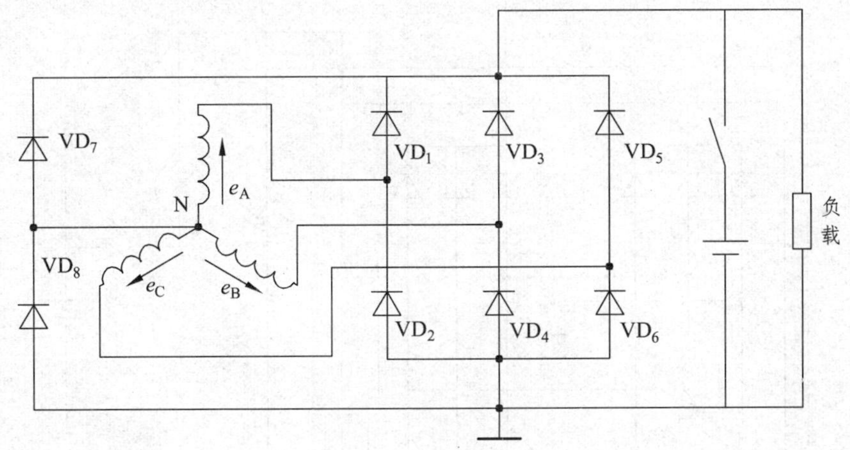

图 2-3　8 管交流发电机

有的交流发电机还利用中性点的输出提高发动机的功率。试验表明：加装中性点二极管的交流发电机在结构不变的情况下，当发电机中高速（发电机转速超过 2 000 n/min，发动机转速超过 800 r/min）运转时，其输出功率与额定功率相比可以提高 11% ~ 15%。中性点电压一般用来控制各种继电器（充电指示灯继电器）。

（3）9 管交流发电机，如图 2-4 所示。

9 管交流发电机的基本结构和 6 管交流发电机相同，不同之处在于它由 9 只硅整流二极管（6 只大功率整流二极管和 3 只小功率励磁二极管）组成；6 只大功率整流二极管组成三相全波桥式整流电路，向负载供电；3 只小功率管二极管与 3 只大功率负极管也组成三相全波桥式整流电路专门为发电机磁场供电，又称 3 只小功率管为励磁二极管。

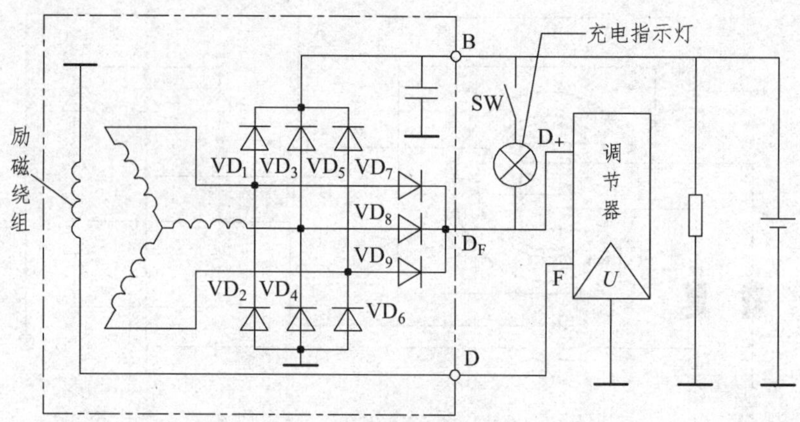

图 2-4　9 管交流发电机

9 管交流发电机不仅可以控制充电指示灯来指示蓄电池充电情况，还能指示充电系统是否存在故障。

（4）11 管交流发电机，如图 2-5 所示，奥迪、桑塔纳汽车用 JFZ1913Z 型交流发电机属于此类。11 管交流发电机相当于 9 管交流发电机的整流器加 2 只中性点整流二极管。

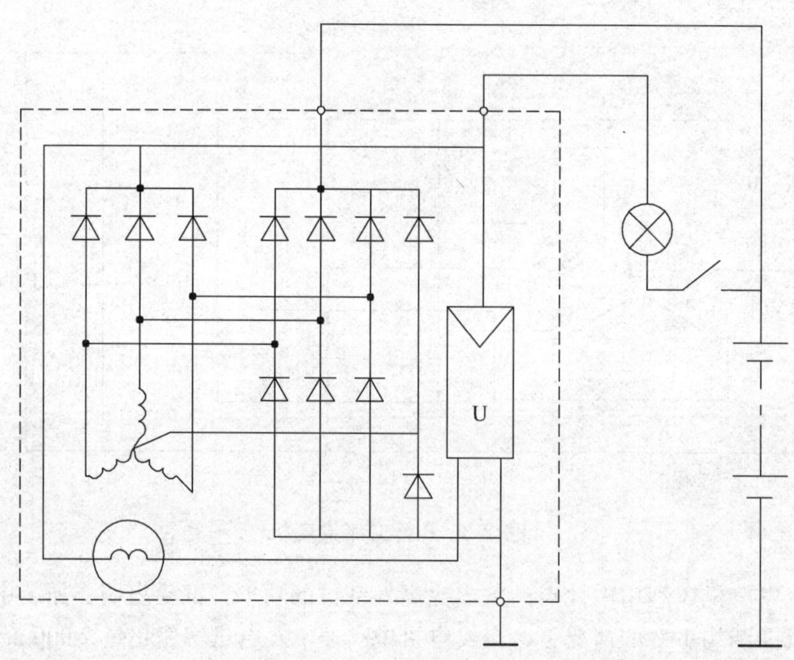

图 2-5　11 管交流发电机

3. 按励磁绕组搭铁形式分类

（1）内搭铁型交流发电机，如图 2-6 所示，磁场绕组的一端（负极）直接搭铁（和壳体相连）。

（2）外搭铁型交流发电机，如图 2-7 所示，磁场绕组的一端（负极）接入调节器，通过调节器后再搭铁。

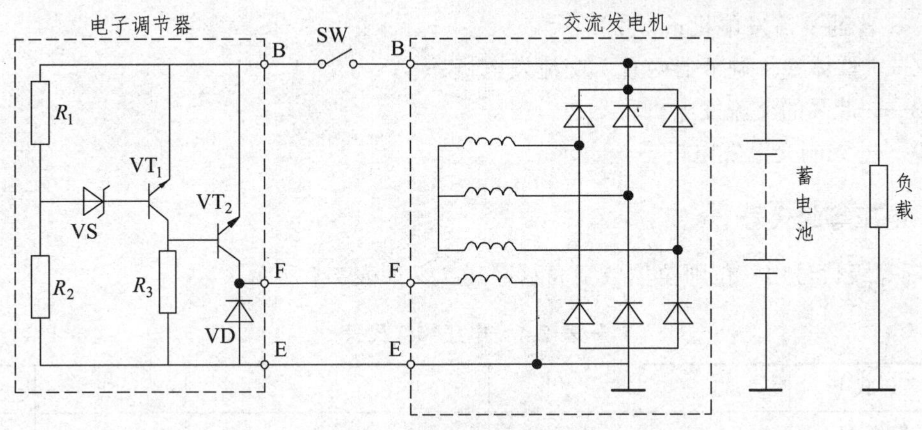

图 2-6　内搭铁型交流发电机

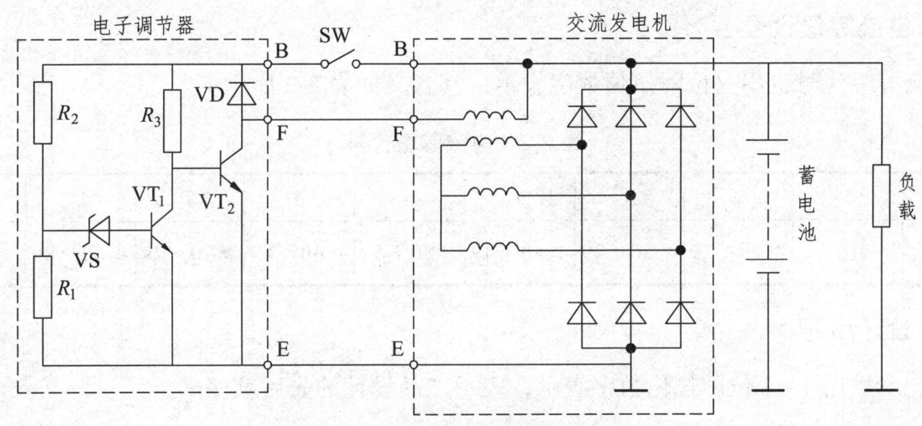

图 2-7　外搭铁型交流发电机

引导问题 3：怎样识读发电机的型号？

根据中华人民共和国汽车行业标准 QC/T73—93《汽车电气设备产品型号编制方法》的规定，汽车交流发电机型号由产品代号、电压等级代号、电流等级代号、设计序号、变型代号五部分组成，如图 2-8 所示。

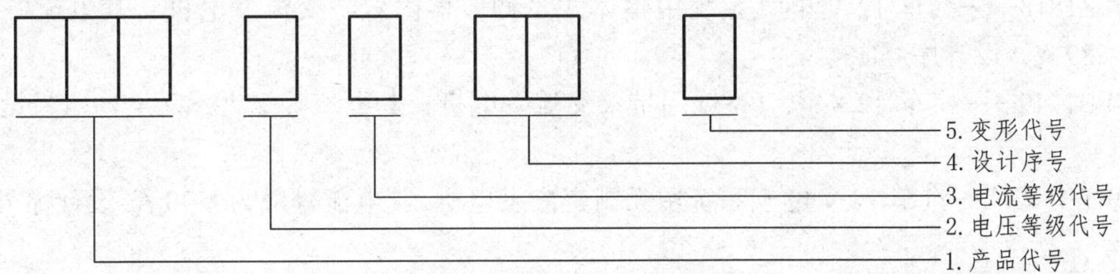

图 2-8　汽车交流发电机型号

1. 产品代码

产品代号用中文字母表示，不同字母代表的含义如下：

JF——普通交流发电机；

JFZ——整体式（调节器内置）交流发电机；

JFB——带泵的交流发电机；

JFW——无刷交流发电机。

2. 电压等级代号

电压等级代号用一位阿拉伯数字表示，其含义如表 2-1 所示。

表 2-1　电压等级代号

电压等级代号	1	2	3	4	5	6
电压等级/V	12	24	—	—	—	6

3. 电流等级代号

电流等级代号也用一位阿拉伯数字表示，其含义如表 2-2 所示。

表 2-2　电流等级代号

代　号	1	2	3	4	5	6	7	8	9
电流等级/A	19	≥20～29	≥30～39	≥40～49	≥50～59	≥60～69	≥70～79	≥80～89	≥90

4. 设计序号

设计序号用 1～2 位阿拉伯数字表示，表示产品设计的先后顺序。

5. 变形代号

以调整臂位置作为变形代号，从驱动端看，调整臂在左边用 Z 表示，调整臂在右端用 Y 表示，调整臂在中间不加标记。

应用举例：

JF1522A——汽车 12 V 电气系统用普通交流发电机，其电流等级为≥50～59 A、设计序号 22、变形代号 A。

JFZ1813——汽车 12 V 电气系统用整体式（调节器内置）交流发电机，其电流等级为≥80～89 A、设计序号 13。

JFB1712——汽车 12 V 电气系统用带泵交流发电机，其电流等级为≥70～79 A、设计序号 12。

JFW1913——汽车 12 V 电气系统用无刷交流发电机，其电流等级为≥90 A、设计序号 13。

引导问题 4：汽车发电机的外观和内部构造是什么样子的？

如图 2-9 和图 2-10 所示，汽车用交流发电机是由一个三相同步交流发电机和用二极管组成的硅整流器组成。三相同步交流发电机由转子总成、定子总成、带轮、风扇、前端盖、后端盖、电刷总成等组成。硅整流器结构包括硅整流二极管和散热板。

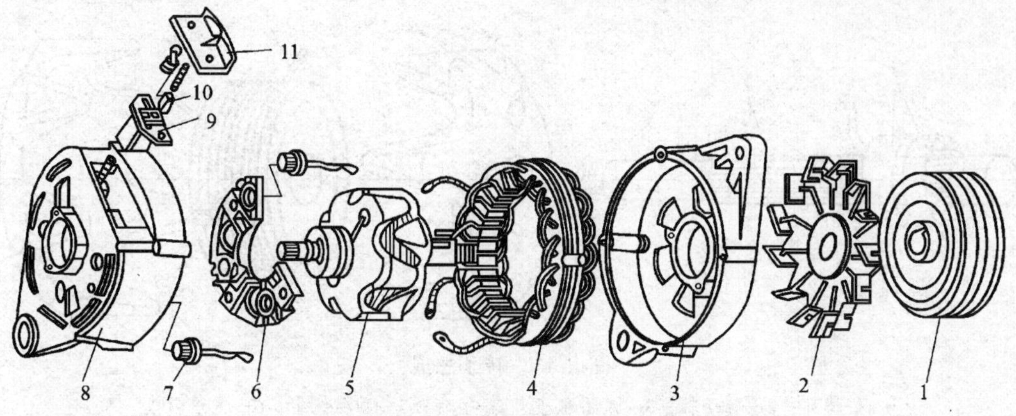

图 2-9　JF132 型交流发电机分解图

1—带轮；2—风扇；3—前端盖；4—定子总成；5—转子；6—散热板；7—硅二极管；8—后端盖；9—刷架；10—电刷；11—电刷弹簧压盖

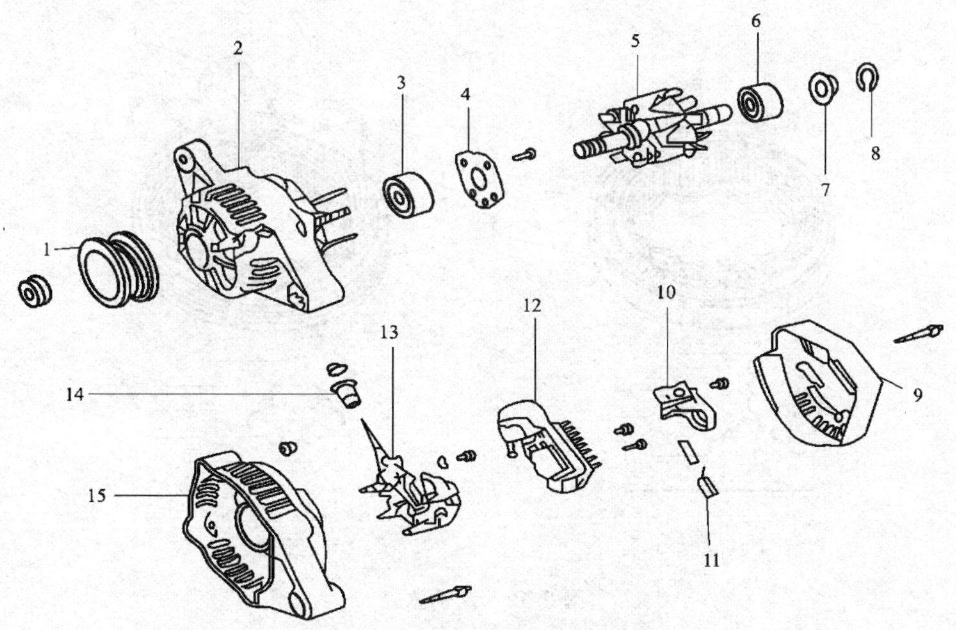

图 2-10　丰田 40A 交流发电机分解图

1—带轮；2—驱动端盖；3—前轴承；4—保持架；5—转子；6—后轴承；7—轴承盖；8—波形垫圈；9—后端盖罩；10—电刷架；11—电刷；12—IC 调节器；13—整流器座；14—绝缘垫；15—整流器

1. 转子总成

转子总成的功用是产生磁场。

转子总成结构如图 2-11 所示，由爪极、励磁绕组、滑环、转子轴等组成。转子轴上压装着两块爪形磁极，爪形磁极被加工成鸟嘴形状，其空腔内装有导磁用的铁芯（磁轭）和励磁绕组。滑环由两个彼此绝缘的铜环组成，压装在转子轴上并与轴绝缘，两个滑环分别与励磁绕组的两端相连。

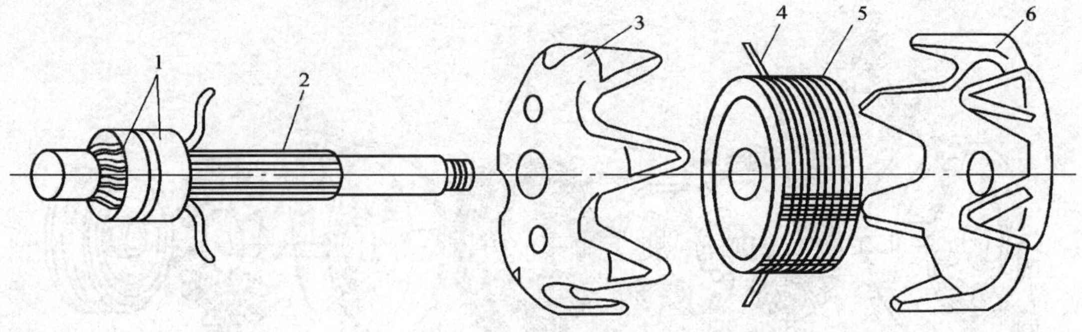

图 2-11 转子总成

1—滑环；2—转子轴；3—爪形磁极；4—磁轭；5—励磁绕组；6—爪形磁极

2. 定子总成

定子的功用是产生交流电，它由定子铁芯和定子绕组组成，如图 2-12 所示。

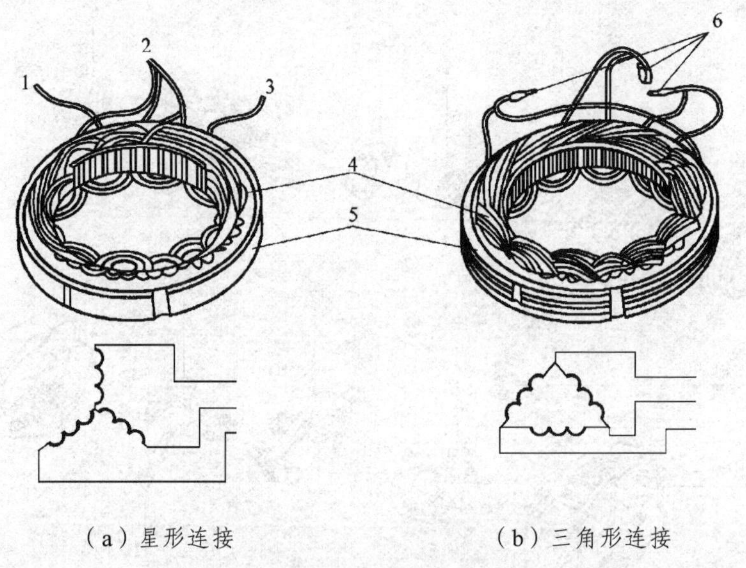

（a）星形连接　　（b）三角形连接

图 2-12 定子总成

1、3、6—接二极管；2—定子中性接点；4—定子绕组；5—铁芯

定子铁芯由内圈带槽的硅钢片叠成，定子绕组（三相）的导线就嵌放在铁芯的槽中。定子三相绕组的接法有星形接法或三角形接法两种，都能产生三相交流电；三相绕组必须按一定要求绕制，才能使之获得频率相同、幅值相等、相位互差 120° 的三相电动势。

星形接法的特点是三相绕组的一端连接在一起，称为中性点。中性点电压的瞬时值是一个三次谐波电压，中性点电压的平均值为发电机输出电压（平均值）的一半。带有中性点接线柱的发电机可用中性点电压来控制各种用途的继电器。星形连接的发电机在发动机低速时提供较高电压。

三角形接法的特点是三相绕组连接成一个闭环，无中性点。三角形连接的发电机可以输出较高的电流强度。

3. 带　轮

带轮的作用是和传动带配合，将发动机的动力传递给发电机。

汽车发电机的带轮通常采用铸铁和铝合金制成，分单槽和双槽两种；利用半圆键装在前端盖外侧的转子轴上，用弹簧垫片和螺母紧固。

4. 风　扇

风扇在传动带的带动下运转，起到给发电机散热的作用；一般用 1.5 mm 厚的钢板冲压而成或用铝合金铸造制成。

只有一个风扇的发电机利用半圆键将风扇装于前端盖与带轮之间；有两个风扇的发电机，有的是在转子爪极两侧各焊装一个，有的是一个风扇装于前端盖与皮带轮之间，另一个风扇装在后端盖与转子爪极之间。

5. 前、后端盖

端盖起支撑转子、定子、整流器和电刷组件的作用。端盖一般用铝合金铸造，一是可有效地防止漏磁，二是铝合金散热性能好。

6. 电刷总成

电刷的作用是将电源的电通过滑环引入励磁绕组，其接线柱有“B、F”接线柱或“F1、F2”接线柱。

不带调节器的电刷组件由电刷、电刷架和电刷弹簧组成，如图 2-13 所示；带调节器的电刷组件由电刷、电刷架、电刷弹簧及调节器组成，如图 2-14 所示。两个电刷分别装在电刷架的孔内，借助弹簧压力与滑环保持接触。电刷和滑环的接触应良好，否则会因为磁场电流过小导致发电机发电不足。

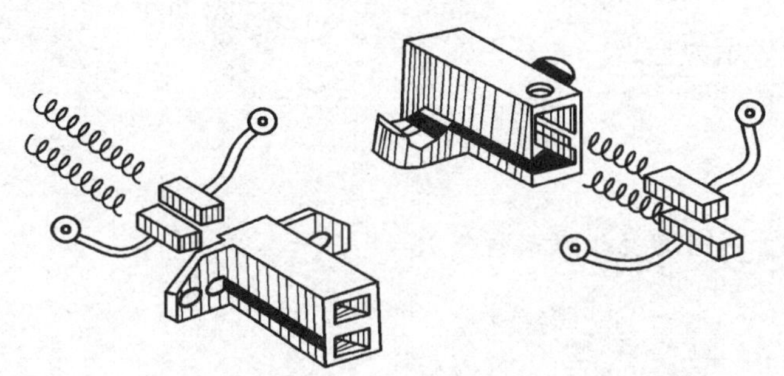

图 2-13　不带调节器的电刷组件

图 2-14　带调节器的电刷组件

7. 整流器

整流器一般由 6 个二极管接成三相桥式全波整流电路，将交流发电机产生的三相交流电变成直流电输出的设备。

如图 2-15 所示，硅整流器结构包括硅整流二极管和散热板，3 个正极硅整流二极管装在一块金属散热板上，其散热板构成发电机的输出极（正极），标以“B”、“+”或“A”。3 个负极硅整流二极管装在另一块金属散热板上，其散热板构成发电机的负极，即发电机的搭铁接线柱，标以“－”或“E”。两块整流板装在铝制的端盖上。

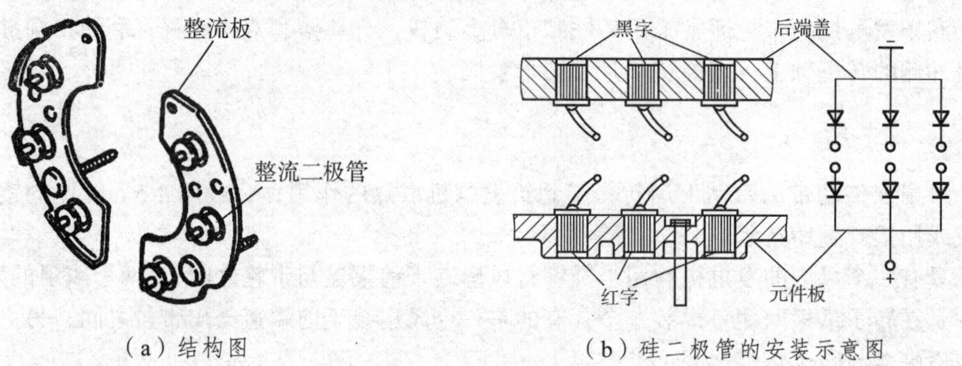

（a）结构图　　（b）硅二极管的安装示意图

图 2-15　整流器

引导问题 5：汽车发电机是怎么工作的？

1. 交流电动势的产生

当外加直流电压作用在励磁绕组两端时，励磁绕组中就有电流通过，并产生轴向磁通，使爪极一块被磁化为 N 极、另一块被磁化为 S 极，从而形成 6 对相互交错的磁极。当转子转动时，就形成了旋转的磁场。

定子安装在转子的外面，和发电机的前后端盖固定在一起，当转子在其内部转动时，引起定子绕组中磁通的变化，便在每个线圈中产生交流电。根据定子绕组的绕制原则，在定子绕组中产生的三相交流电具有对称电动势，即电动势的大小相等、电位角互差 120°。

2. 电动势有效值的表示

三相绕组中每相电动势有效值的表示为：

$$E_{\Phi} = 4.44KfN\Phi$$

式中　E_{Φ}——相电动势；

K——绕组系数（和发电机定子绕组的绕线方式有关）；

f——频率（Hz）；

N——每相绕组的匝数（匝）；

Φ——每极磁通（Wb）。

小提示： 当交流发电机结构一定时，相电动势 E_{Φ} 和发电机转速、磁通成正比，因此，当转速 n 变化时，三相电动势的波形为变频率、变幅值的交流波形。

3. 整流原理

发电机定子的三相绕组和 6 只整流二极管按电路连接，利用二极管的单向导电性，发电机的输出端 B、E 上就输出一个脉动直流电压。

1）二极管的导通原则

3 只正极管中，在某一瞬间正极电位（电压）最高者导通；

3 只负极管中，在某一瞬间正极电位（电压）最低者导通。

2）整流过程

如图 2-16 所示，三相桥式整流电路中二极管的依次循环导通，使得负载两端得到一个比较平稳的脉动直流电压。

对于三个正极管子（VD1、VD3、VD5 正极和定子绕组始端相连），在某瞬时，电压最高一相的正极管导通。

对于三个负极管子（VD2、VD4、VD6 负极和定子绕组始端相连），在某瞬时，电压最低一相的负极管导通。但同时导通的管子总是两个，正、负管子各一个。

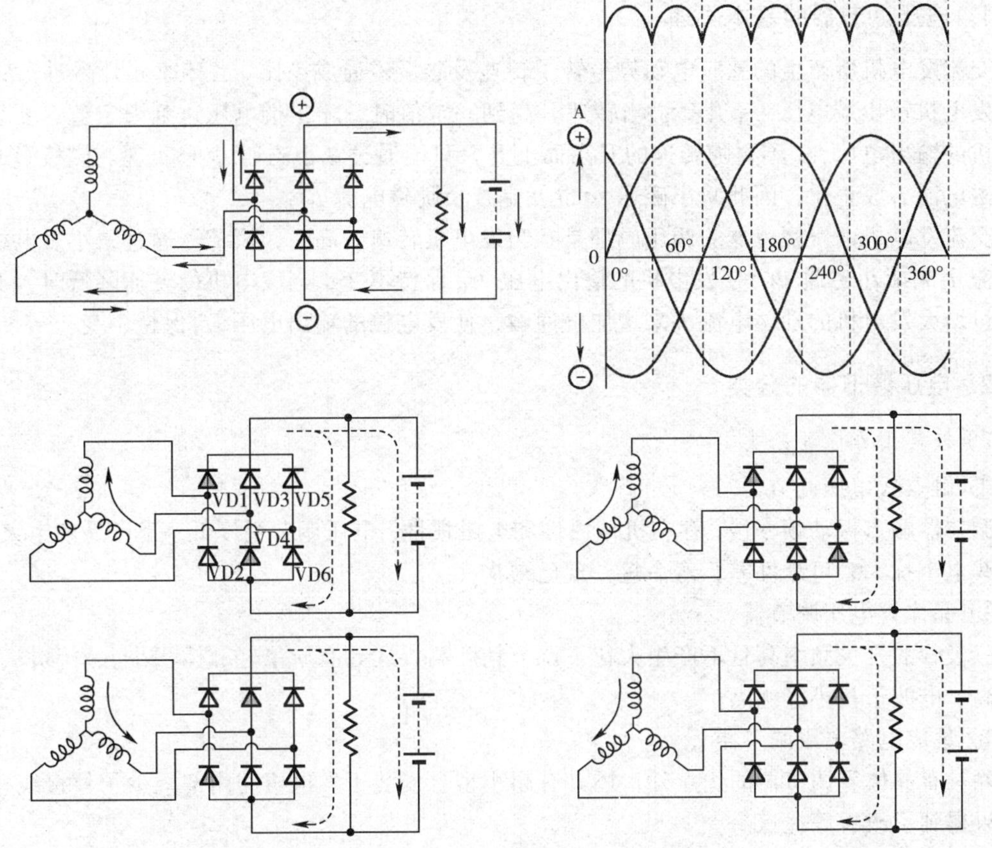

图 2-16　三相桥式整流电路及整流过程

4. 发电机的励磁方式

将电流引入到励磁绕组使之产生磁场的过程称为励磁；励磁的方式有自励和他励两种。

1）他　励

由蓄电池供给磁场电流而发电的方式称为他励发电。发电机转速较低时，自身不能发电，需蓄电池供给发电机励磁绕组电流，使励磁绕组产生磁场来发电。

2）自　励

发电机能将自身发的电供给励磁绕组而发电的方式称为自励发电。随着转速的提高（一般在发动机达到怠速时），发电机定子绕组的电动势逐渐升高并能使整流器二极管导通。当发电机的输出电压大于蓄电池电压时，发电机就能对外供电了。此状态下，发电机自励发电。

交流发电机励磁过程是先他励后自励。

引导问题 6：电压调节器是怎么工作的？

电压调节器是在发电机转速变化时，自动控制发电机电压并保持恒定，使其不因发电机转速高而引起电压过高，烧坏用电器和导致蓄电池过充电；也不会因发电机转速低而电压不足导致用电器工作失常。

1. 电压调节器的基本原理

交流发电机所产生的感应电动势与转子转速及磁极磁通成正比。当转速 n 升高时，E_{Φ} 增大，发电机输出端电压 U_B 升高；当转速升高到一定值时，输出端电压达到限定值，要想使发电机的输出电压 U_B 不再随转速的升高而上升，只能通过减小磁通 Φ 来实现。磁极磁通 Φ 与励磁电流 I_f 成正比，因此减小磁通 Φ 也就是减小励磁电流 I_f。

交流发电机电压调节器的调压原理是：当发电机转速升高时，调节器通过减小发电机励磁电流 I_f 来减小磁通 Φ，使发电机的输出电压 U_B 保持不变；当发电机的转速降低时，调节器通过增大发电机的励磁电流 I_f 来增加磁通 Φ，使发电机的输出电压 U_B 保持不变。

2. 电压调节器的分类

1）按其工作原理分类

① 触点式电压调节器。

调节器触点振动频率慢，存在机械惯性和电磁惯性，电压调节精度低，触点易产生火花，对无线电干扰大，可靠性差，寿命短，现已被淘汰。

② 晶体管电压调节器。

三极管的开关频率高且不产生火花，调节精度高，还具有质量轻、体积小、寿命长、可靠性高、电波干扰小等优点。

③ 集成电路电压调节器。

除具有晶体管调节器的优点外，还具有超小型、安装于发电机的内部减少了外接线、冷却效果得到了改善等优点。

④ 电脑控制电压调节器。

由负载检测仪测量系统总负载后，向发电机电脑发送信号，然后由发动机电脑控制发电机电压调节器，适时地接通和断开磁场电路。既能可靠地保证电气系统正常工作，使蓄电池充电充足，又能减轻发动机负荷，提高燃料经济性。

2）按所匹配的交流发电机搭铁类型分类

① 内搭铁型电压调节器，适用于内搭铁型交流发电机的电子调节器。

② 外搭铁型电压调节器，适合用于外搭铁型交流发电机的电子调节器。

3. 晶体管式电压调节器的结构和工作原理

晶体管式电压调节器又称电子调节器，按所匹配的交流发电机搭铁类型分为两种，一种是内外搭铁型，另一种是内搭铁型。下面以图 2-17 所示外搭铁型调节器为例介绍晶体管电压调节器的结构和工作原理。

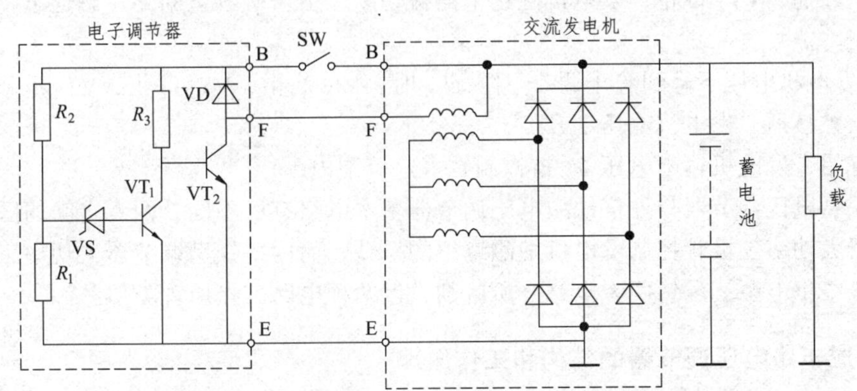

图 2-17　外搭铁型晶体管式电压调节器电路图

1）结　构

外搭铁型晶体管式电压调由三只电阻 R_1、R_2、R_3，两只三极管 VT_1、VT_2，一只稳压二极管 VS 和一只二极管 VD 组成。

电阻 R_3 既是 VT_1 的分压电阻，又是 VT_2 的负载电阻；电阻 R_1 和 R_2 组成一个分压器，两端的电压为发电机电压 U_B。

VT_2 是大功率三极管（NPN 型），和发电机的磁场绕组串联，起开关作用，用来接通与切断发电机的励磁电路。

VT_1 是小功率三极管，用以放大控制信号。

VD 是续流二极管。

稳压管 VS 是感受元件，串联在 VT_1 的基极电路中，并通过 VT_1 的发射结并联于分压电阻 R_1 的两端，以感受发电机的输出电压。

U_{R1} 电压加在稳压管 VS 上，R_1 的阻值是这样确定的：当发电机输出电压 U_B 达到规定的调整值时，U_{R1} 电压正好等于稳压管 VS 的反向击穿电压。

2）工作原理

① 点火开关 SW 刚接通时，发动机不转，发电机不发电，蓄电池电压加在分压器 R_1、R_2 上，此时因 U_{R1} 较低不能使稳压管 VS 反向击穿，VT_1 截止，VT_1 截止使得 VT_2 导通，发电机磁场电路接通，此时由蓄电池供给磁场电流。

磁场绕组电路为：蓄电池正极→磁场绕组→调节器 F 接柱→三极管 VT_2→调节器 E 接柱→搭铁→蓄电池负极。

随着发动机的启动，发电机转速升高，发电机他励发电，电压上升。

② 当发电机电压升高到大于蓄电池电压时，发电机自励发电并开始向蓄电池充电，如果此时发电机输出电压 U_B 低于调节器调节电压的上限 U_{B2}，VT_1 继续截止，VT_2 继续导通，但此时的磁场电流由发电机供给。

磁场绕组电路为：发电机正极→磁场绕组→调节器 F 接线柱→三极管 VT_2→调节器 E→搭铁→发电机负极。

发电机电压随转速升高迅速升高。

③ 当发电机电压升高到等于调节电压上限 U_{B2} 时，调节器对电压的调节开始。此时 VS 导通，VT_1 导通，VT_2 截止，发电机磁场电路被切断，由于磁场被断路，磁通下降，发电机输出电压下降。

④ 当发电机电压下降到等于调节下限 U_{B1} 时，VS 截止，VT_1 截止，VT_2 重新导通，磁场电路重新被接通，发电机电压上升。

周而复始，发电机输出电压 U_B 被控制在一定范围内。

内搭铁型电压调节器与外搭铁型电压调节器基本电路有所不同，两者之间的区别是：外搭型调节器大功率三极管控制发电机励磁绕组的搭铁，而内搭铁型调节器大功率三极管控制发电机励磁绕组电源。虽然两者电路有所区别，但两种电路工作原理类似。

4. 集成电路电压调节器的结构和工作原理

集成电路是将二极管、三极管、电阻电容等电子元件集成在一块硅基片上，制成一个独立的电子芯片。集成电路调节器的工作原理与晶体管调节器原理相同，也是根据发电机的电压信号，利用三极管的开关特性控制磁场电流来调节发电机的输出电压，因此又称 IC 电压调节器。

IC 调节器分内搭铁型和外搭铁型，其中外搭铁形式较多。IC 电压调节器工作过程中，内部检测电路需检测到发电机或蓄电池的电压，根据其电压的高低控制磁场电流。检测电路检测电压归属不同，调节器可分为发电机端电压检测法和蓄电池端电压检测法。

发电机端电压检测法工作原理如图 2-18 所示，分压器 R_1、R_2 从发电机输出端（D＋端）得到电压，稳压管 VS 上的电压与发电机的输出电压成正比。优点是检测电路不用导线连接，直接接在发电机输出端，连接可靠；缺点是发电机到蓄电池之间连接电阻增大时，蓄电池充电电压会降低，将出现蓄电池充电不足的现象。

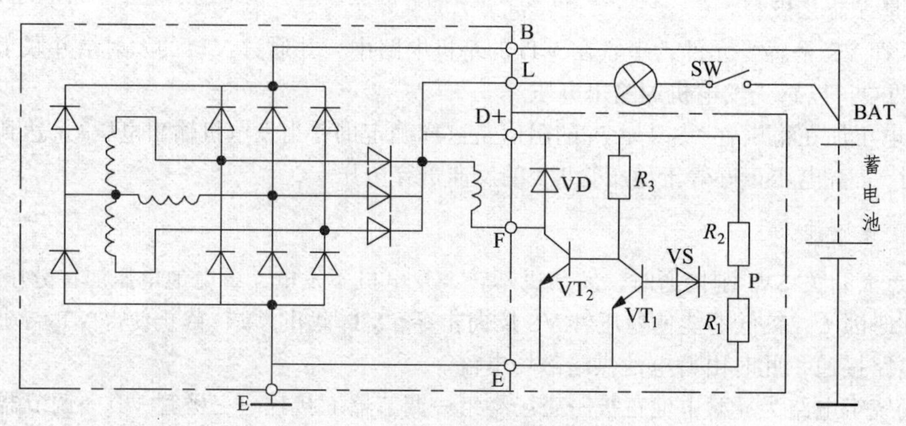

图 2-18　电压检测法电压调节器

引导问题 7：汽车发电机的性能指标有哪些？

交流发电机输出的直流电压、电流与转速之间的关系称为交流发电机的工作特性。评定其性能的指标包括输出特性、空载特性和外特性，如表 2-3 所示。

表 2-3　几种国产交流发电机的主要性能指标

型号	额定电压/V	空载转速/（r/min）	额定电流/A	额定转速/（r/min）	使用车型
JFZ1913Z	14	1 050	90	6 000	桑塔纳、奥迪
JFZ1512Z	14	1 050	55	6 000	广州标致
JFZ2518	28	1 150	27	5 000	切诺基
JFZ1714	14	1 000	45	6 000	依维柯
JF13A	14	1 000	25	3 500	NJ1060

1. 空载特性

空载特性指发电机空载运行时端电压与转速之间的关系，如图 2-19 所示；由空载特性可判断发电机低速发电性能的好坏。

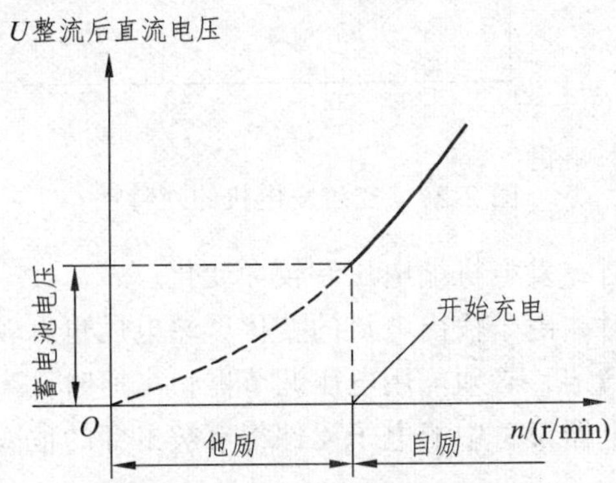

图 2-19　交流发电机的空载特性

2. 输出特性

输出特性指发电机输出电压一定时，输出电流随着转速的变化规律，如图 2-20 所示。

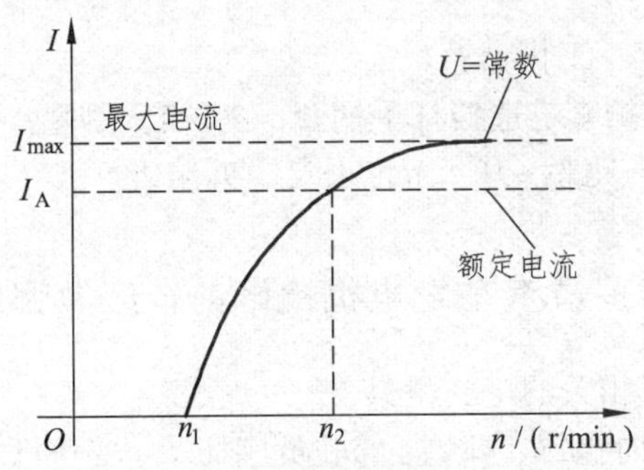

图 2-20　交流发电机的输出特性

（1）发电机空载时，输出电压达到额定值的转速 n_1，称为空载转速。n_1 常用作选择发电机与发动机传动比的主要依据。

（2）发电机输出电流达到额定值时的转速 n_2，称为满载转速，发电机的最大输出电流约为额定电流的 1.5 倍。

（3）当转速达到一定值后，发电机的输出电流几乎不再继续增加，即发电机具有自动限制输出电流的能力。

3. 外特性

外特性是指当发电机转速一定时，发电机端电压与输出电流之间的关系，如图 2-21 所示。

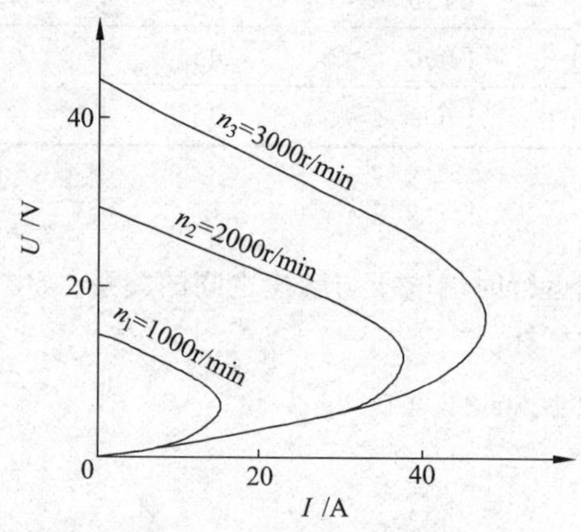

图 2-21　交流发电机的外特性

（1）发电机转速变化时，发电机端电压有较大变化；

（2）发电机转速恒定时，由于输出电流的变化，端电压也有较大的变化。

因此，要使输出电流稳定，必须配用电压调节器；高速时，当发电机突然失去负载时，端电压会急剧升高，这时电器设备中的电子元件将有被击穿的危险。

二、任务实施

引导问题 8：完成发电机的检修任务，需要使用的设备、工具和量具有哪些？

（1）设备：卡罗拉汽车、工作台；

（2）防护用品：转向盘护套、选挡杆手柄套、座位套、脚垫、翼子板和前格栅磁力护裙；

（3）工量具：梅花扳手、螺丝刀、游标卡尺、万用表。

引导问题 9：在对卡罗拉汽车发电机检修前，应做哪些准备工作？

（1）清洁工位，准备好相关的工、量具。

（2）打开车门，套上方向盘罩、脚垫、驾驶员座椅罩、变速杆罩及手制动杆罩，如图 2-22 所示。

（3）将汽车停驻在举升机中央位置，拉紧驻车制动器操纵杆，并将变速杆置于空挡位置，安装好车轮挡块，如图 2-23 所示。

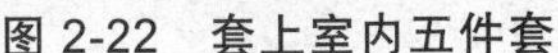

图 2-22　套上室内五件套

图 2-23　汽车停驻在举升机中央位置

（4）在车内拉动发动机舱盖手柄，如图 2-24 所示。

（5）在车外打开并支撑发动机舱盖，装好三件套，拆卸发动机后部右侧底罩、散热器上空气导流罩、2 号气缸盖罩，如图 2-25 所示。

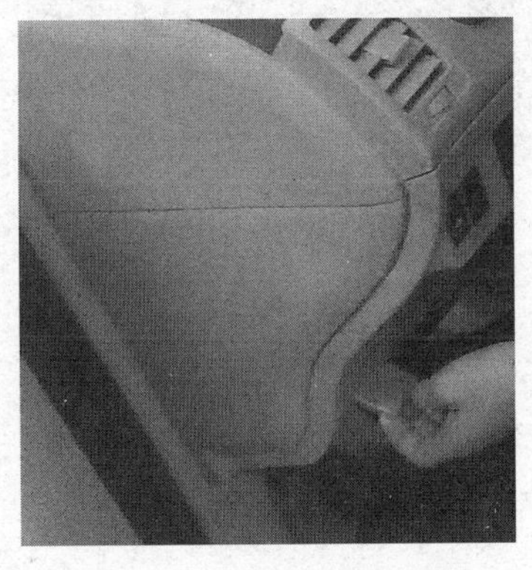

图 2-24　拉动发动机舱盖手柄

图 2-25　安装三件套

引导问题 10：怎样对汽车交流发电机进行检修？

一般情况下，汽车每行驶 15 000 km 应检查调整驱动带的挠度；每行驶 30 000 km 应将交流发电机从车上拆下检修一次，主要检查电刷和轴承的磨损情况。

1. 检查发电机能否发电

关闭全车电器设备，使发动机以 2 000 r/min 的转速运转，将万用表置于直流电压挡（DCV），万用表的“－”极接发电机“搭铁”端子或外壳，万用表的“＋”极接发电机的“输出”端子 B，记录所测的电压。将检测结果填入表 2-4 中。

如果电压可稳定在 13.2 ~ 14.8 V 之内的某一读数，表示交流发电机正常。如果电压读数大于标准 14.8 V，则电压调节器有故障，应更换电压调节器。如果电压读数小于标准 13.2 V，则应检查电压调节器和发电机。

表 2-4　蓄电池电压检测表

万用表连接	条件	规定值	测量值	结果分析
发电机端子 B～车身搭铁	2 000 r/min	13.2～14.8 V		

2. 发电机的拆卸

（1）从蓄电池负极端子上断开电缆；

（2）拆卸 V 形带；

（3）拆卸发电机总成。

① 如图 2-26 所示，拆下端子盖、螺母，断开线束、连接器和线束卡夹；

② 如图 2-27 所示，拆下 2 个螺栓和发电机总成。

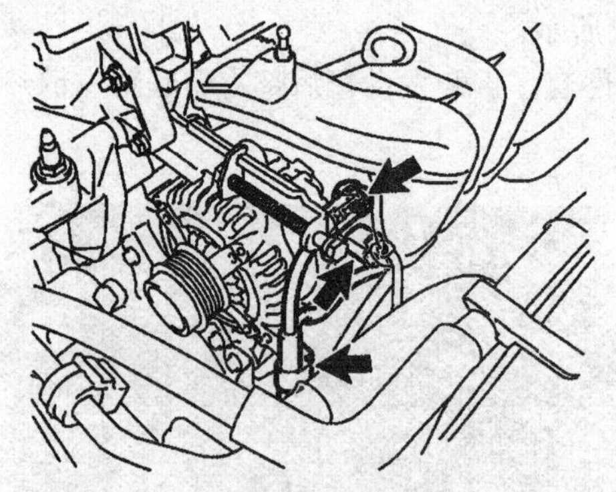

图 2-26　断开发电机的线路连接

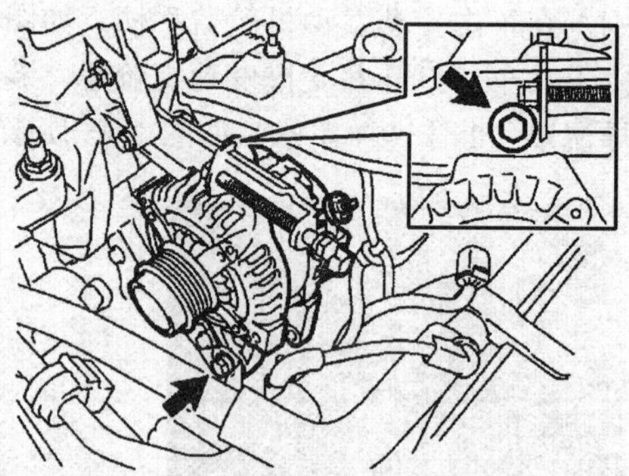

图 2-27　拆卸螺栓和发电机总成

③ 如图 2-28 所示，拆下螺栓和线束卡夹支架。

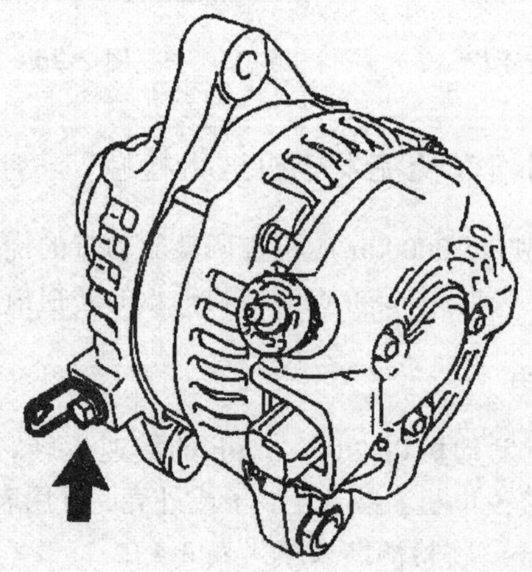

图 2-28　拆下螺栓和线束卡夹支架

3. 发电机的检测

（1）如图 2-29 所示，拆卸发电机防尘盖。

(a) 拆卸螺母

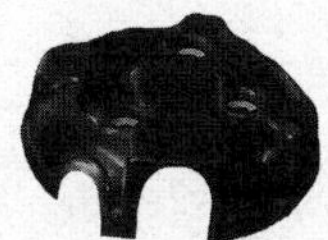

(b) 取出防尘盖

图 2-29　拆卸发电机防尘盖

（2）如图 2-30 所示，拆卸发电机端子绝缘垫。

图 2-30　拆卸发电机端子绝缘垫

（3）如图 2-31 所示，拆卸发电机电刷架总成。

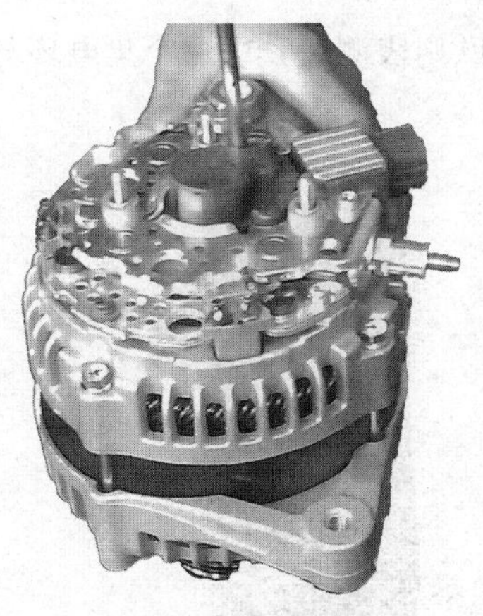

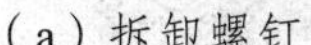

(a) 拆卸螺钉

(b) 取出电刷架总成

图 2-31　拆卸发电机电刷架总成

发电机的拆解要按照工艺要求进行，禁止生敲硬卸而损坏机件。拆解的零件要按照规范清洗并顺序摆放。

（4）检查发电机电刷架总成。如图 2-32 所示，利用游标卡尺测量电刷的外露长度。

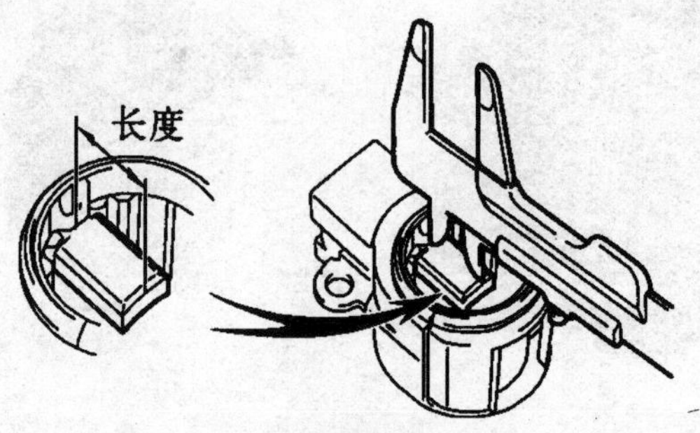

图 2-32　检测发电机电刷总成

（5）检查发电机转子总成。

① 检查发电机励磁绕组阻值：如图 2-33 所示，用欧姆表测量集电环之间的电阻。

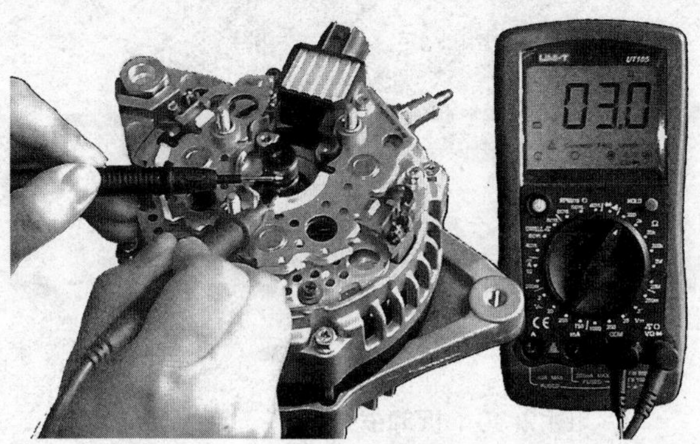

图 2-33　检查发电机励磁绕组阻值

② 检查转子绝缘情况：如图 2-34 所示，使用欧姆表测量其中一个集电环与转子之间的电阻。

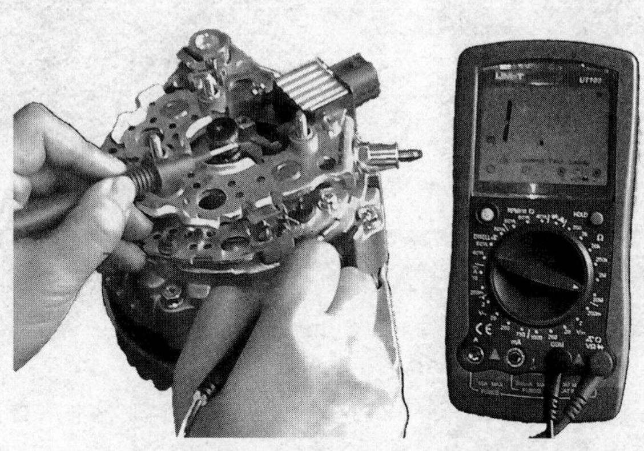

图 2-34　检查发电机转子绝缘情况

（6）检查发电机定子绕组。如图 2-35 所示，用万用表检测定子绕组接线端。每相绕组正常时阻值小于 1 Ω 且相等；等于 0 Ω 说明短路。

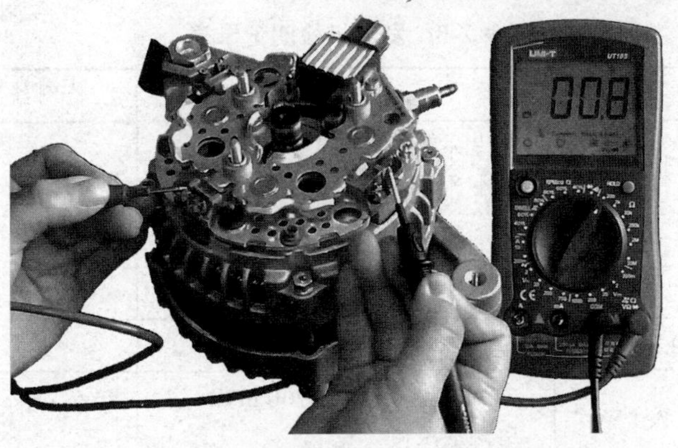

图 2-35　检查发电机定子绕组阻值

（7）整流器的检修。

① 如图 2-36 所示，用万用表二极管检测挡对正二极管进行检测。

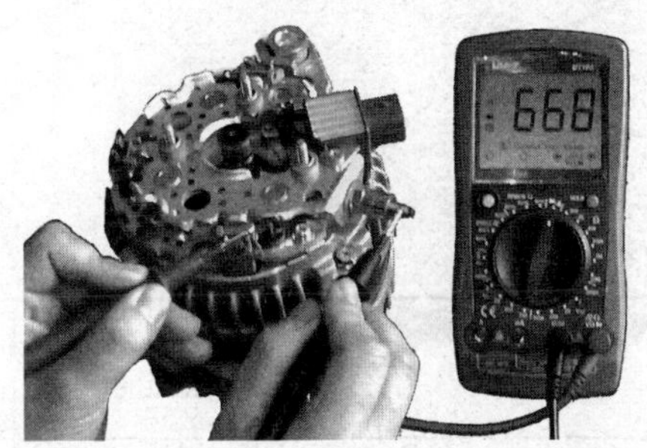

（a）正向检测

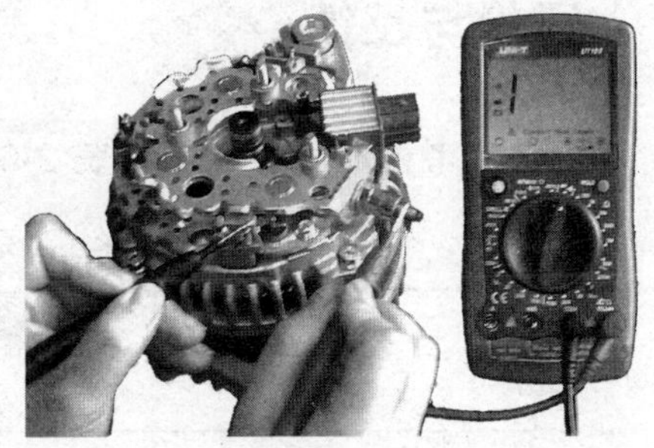

（b）反向检测

图 2-36　正二极管的检修

② 如图 2-37 所示，用万用表二极管检测挡对负二极管进行检测。

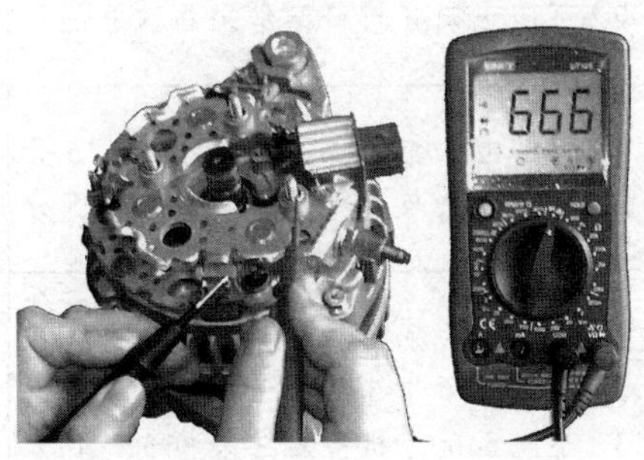

（a）正向检测

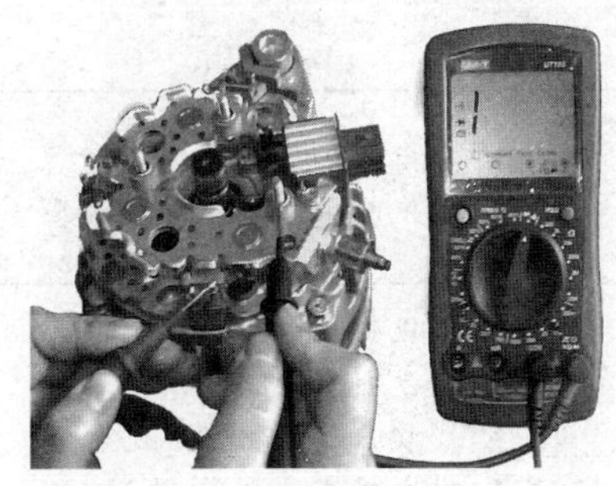

（b）反向检测

图 2-37　负二极管的检修

将发电机各元件检测结果记录于表 2-5 中，若检测结果不符合标准值时则应更换发电机总成。

表 2-5　发电机检测记录表

检查项目		标准值	检测结果	结果分析
发电机电刷检测		标准外露长度：9.5～11.5 mm 最小外露长度：4.5 mm		
定子绕组		小于 1 Ω且相等		
转子总成检查	转子电阻值	2.3～2.7 Ω（约 20 °C）		
	转子绝缘电阻值	大于 10 kΩ		
整流器的检修	正二极管	正向电压降 500～700 mV 反向电压降 “1”		
	负二极管	正向电压降 500～700 mV 反向电压降 “1”		

三、评价与反馈

1. 任务实施考核成绩评定（见表 2-6）

表 2-6　发电机的检修考核表

考核项目及分值	考核内容	评分标准	评分记录
准备工作（10 分）	1. 清洁工量具及其工作台 2. 套上方向盘罩、脚垫、驾驶员座椅罩、变速杆罩及手制动杆罩 3. 安装三件套	1. 未清洁工量具及工作台扣 2 分 2. 未套上转向盘护套、变速杆手柄套和座位套，未铺设脚垫，一项扣 2 分 3. 未安装三件套扣 5 分	
发电机的就车检查（10 分）	检测发电机的电压	1. 发电机的就车检查不正确扣 5～10 分 2. 不能正确分析检测结果扣 5 分	
发电机的拆卸与组装（30 分）	1. 发电机的拆卸方法与步骤 2. 发电机的组装方法与步骤	1. 拆卸方法与步骤不正确扣 1～15 分 2. 组装方法与步骤不正确扣 1～15 分	
发电机的检修（40 分）	1. 发电机电刷检测 2. 发电机定子检测 3. 发动机转子检测 4. 发电机整流器检测	1. 检测方法不对扣 5～10 分 2. 漏检一项扣 5 分 3. 不能正确分析检测结果扣 5～10 分	
收尾工作（10 分）	1. 清洁设备、工量具、工作台 2. 工量具应摆放整齐 3. 遵守安全操作规范，正确使用工量具	1. 未清洁扣 1～3 分 2. 未摆放整齐一件计扣 1～3 分 3. 发生安全事故扣 1～4 分	
考核时限（10 分）	完成全部考核内容规定用时为 20 min	1. 超时每分钟扣 5 分 2. 超时 5 min 即停止记分	

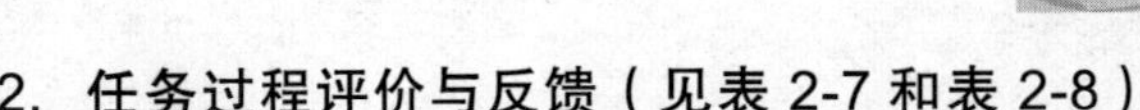

2. 任务过程评价与反馈（见表 2-7 和表 2-8）

表 2-7　任务过程评价表（教师填写）

考核项目	评分标准	分数	成绩	过程评价
劳动纪律	有无迟到、早退和旷工	5		
团队合作	是否和谐	5		
活动参与	是否精彩	5		
安全生产	有无安全隐患	10		
操作过程	是否正确、熟练	30		
任务质量	是否圆满完成	10		
工具、设备使用	是否规范、标准	10		
工作页填写	是否完整、规范	15		
现场 5S	是否做到	10		
总　分		100		

注：没有按照操作流程操作，出现人身伤害或设备严重事故，本任务考核结果为 0 分。

表 2-8　任务过程反馈表（学生填写）

反馈内容	回答
你是否完成本学习任务，并得到老师的确认？	
你是否能准确有效地收集、分析和组织完成资料，正确地交流信息？	
你是否已经掌握预期的知识和必备的技能？	
你是否充分使用学习资源和按计划有组织地达成目标？	
操作完成水平： 上述表格中的项目应为肯定回答。若不是，应咨询老师。你可以要求附加相关活动，以便完成相关的操作技能。 教师签字：________ 学生签字：________ 完成日期：________	

四、学习拓展

1. 查阅资料，了解水冷式交流发电机的结构和特点。

2. 查阅资料，了解汽车 24 V 和 12 V 电气系统用交流发电机有何异同。

学习任务三　电源系统电路的检修

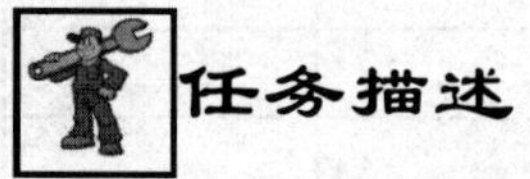

任务描述：

一位顾客的卡罗拉汽车在发动机工作中，充电指示灯常亮。请对电源系统电路进行检修，如有必要进行修理或更换。

学习目标：

通过本学习任务的学习，应当能：

（1）知道电源系统电路原理；

（2）正确分析电源系统常见故障；

（3）正确检修电源线路。

建议学时：12课时

学习内容：

一、任务准备

引导问题 1：汽车电源系统电路由什么组成？

汽车电源系统由蓄电池、交流发电机、调节器、电流表、充电指示灯继电器及充电指示灯等组成，如图 3-1 所示。

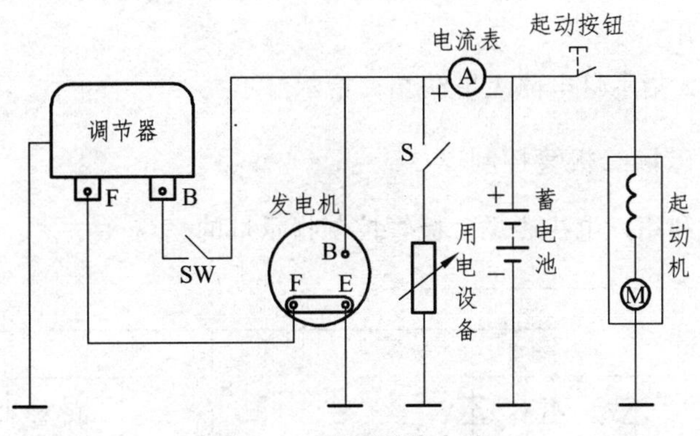

图 3-1　电源系统电路

引导问题 2：充电指示灯是怎样工作的？

检查汽车充电系统有无故障，一是可以通过观察蓄电池存电量，二是通过观察仪表上的充电指示灯。所以，非常有必要了解充电指示灯的线路。常见的充电指示灯控制电路有以下几种方式。

1. 利用中性点电压通过继电器控制

如图 3-2 所示，利用发电机三相绕组的中性电压控制充电指示灯亮与灭。

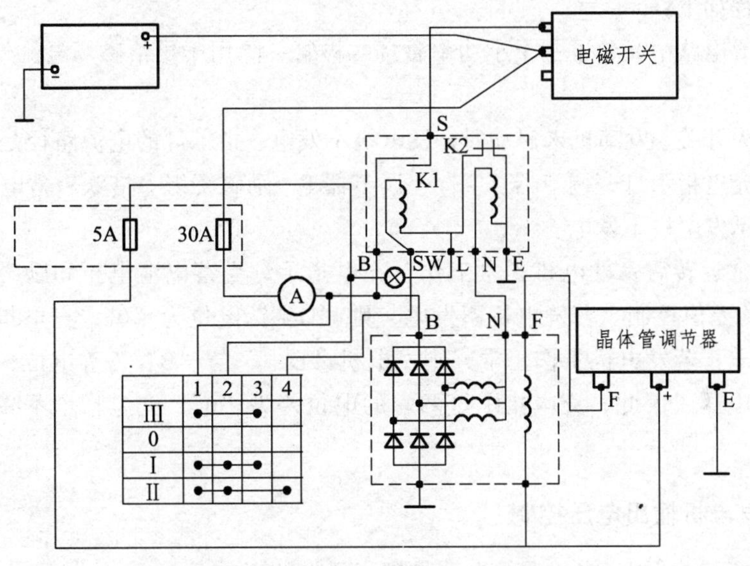

图 3-2　CA1091 电源系统电路

其工作过程如下：

当接通点火开关、发动机未启动时，发电机不发电，中性点没有输出电压，指示灯的电流路径是：蓄电池“+”→电流表→点火开关→指示灯→继电器 L 接线柱→继电器触点 K2→搭铁，指示灯点亮，表示发电机不发电。

发动机正常运转后，发电机发电，中性点有输出电压，中性点流出的电流路径是：发电机中性点接线柱 N→继电器 N 接线柱→继电器线圈→搭铁。此时继电器线圈通电后产生吸力，将继电器触点 K2 断开。

触点 K2 断开后，指示灯电路无搭铁端，指示灯不亮。

2. 利用发电机磁场二极管控制

如图 3-3 所示，利用发电机磁场二极管控制指示灯的亮与灭。

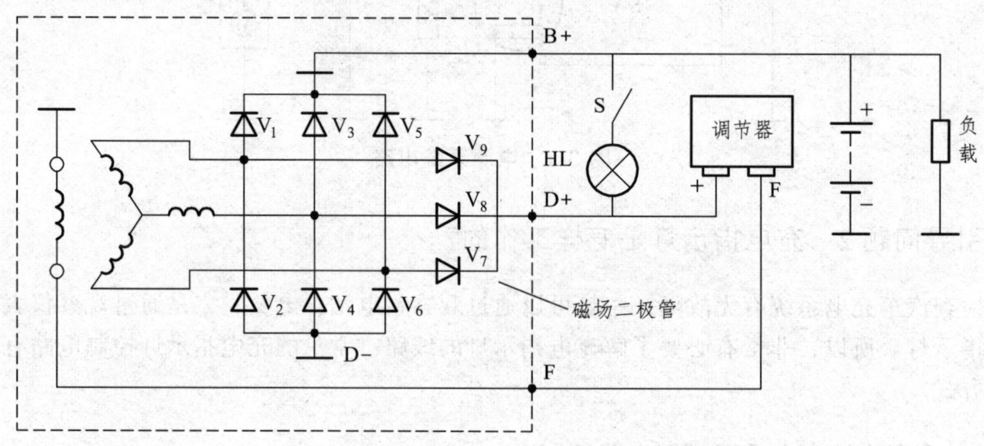

图 3-3 磁场二极管控制指示灯电路

其工作过程如下：

发电机整流电路中又装了三个小功率磁场二极管，除用于供给磁场电流外，还用来控制充电指示灯。

当接通点火开关、发动机未启动时，发电机不发电，指示灯的电流路径是：蓄电池“+”→点火开关→充电指示灯→调节器“+”→调节器 F→励磁绕组→搭铁→蓄电池“–”，充电指示灯亮，表示发电机不发电。

发动机正常运转后，发电机正常工作，充电指示灯受蓄电池电压和励磁二极管输出端电压“D+”的差值控制。若发电机不发电，则“D+”电位为“0”，充电指示灯仍亮，指示发电机不发电；若发电机工作正常，则发电机“D+”与“B”为等电位，且此电位大于等于蓄电池端电压，因此，充电指示灯两端的电位差为“0”，充电指示不亮，表示发电机工作正常。

3. 利用发电机输出电压控制

如图 3-4 所示，利用发电机输出电压控制指示灯的亮与灭。

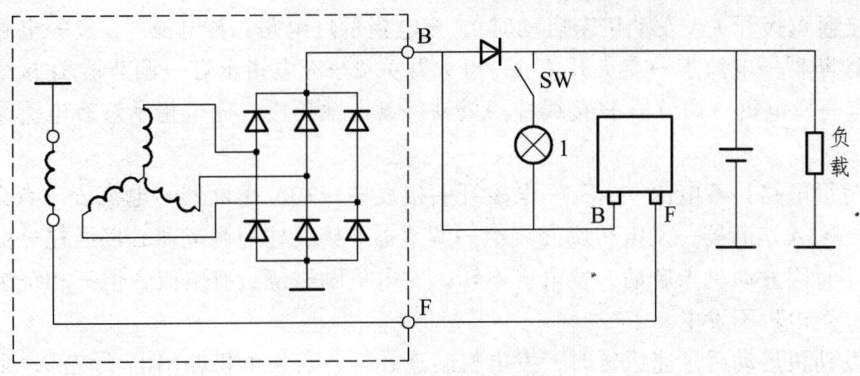

图 3-4　指示灯控制电路

其工作过程如下：

当接通点火开关，发动机未启动时，发电机不发电，指示灯的电流路径是：蓄电池“+”→点火开关→充电指示灯→调节器“B”→调节器 F→励磁绕组→搭铁→蓄电池“-”，充电指示灯亮，表示发电机不发电。

发动机正常运转后，发电机正常工作，发电机输出电压高于蓄电池端电压，二极管导通，指示灯两端电压相等，无电位差，所以充电指示灯不亮，表示发电机工作正常。

引导问题 3：汽车典型电源电路是怎样工作的?

1. CA1091 电源电路的工作过程

CA1091 电源电路如图 3-5 所示。其工作过程如下：

继电器 K1 触点为常开触点，K2 触点为常闭触点。

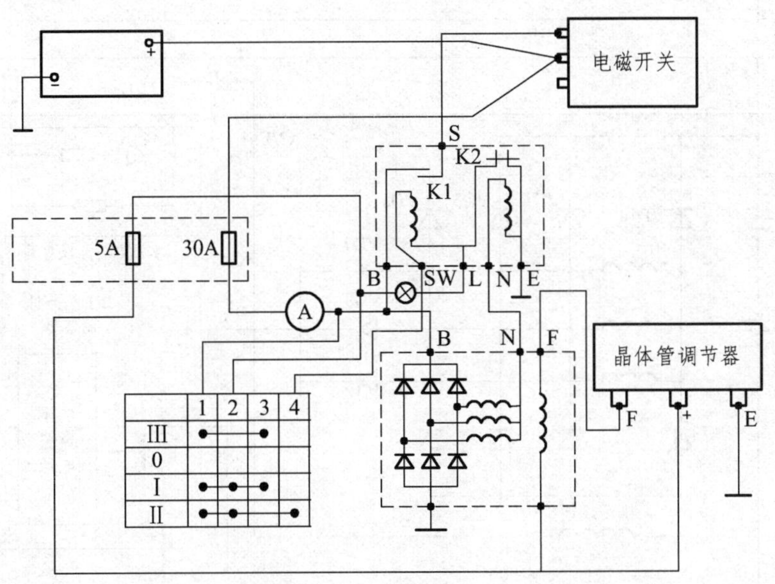

图 3-5　CA1091 电源系统电路

（1）接通点火开关（发动机未启动时），充电指示灯电路：蓄电池“+”→电磁开关接线柱→30A 熔断器→电流表→点火开关 1→点火开关 2→充电指示灯→调节器 L 接线柱→调节器 K2 触点→发电机→调节器 E 接线柱→搭铁→蓄电池负极。充电指示灯有电流流过，指示灯点亮。

励磁绕组电路：蓄电池“+”→电磁开关接线柱→30A 熔断器→电流表→点火开关 1→点火开关 2→5A 熔断器→发电机励磁绕组→调节器 F 接线柱→调节器 E 接线柱→搭铁→蓄电池负极。此时因发动机未启动，发电机不转，发电机励磁绕组有电流，但三相绕组无感应电动势产生，发电机不发电。

（2）发动机启动后怠速运转时，发电机转速较低，若发电机输出电压较低，则蓄电池电压仍通过上述电路为励磁绕组供电，发电机处于他励状态，充电指示灯仍亮，指示发电机不能正常发电。

（3）发动机怠速以上运转时，发电机正常发电，其电压高于蓄电池电压。此时发电机中性点 N 也有电压输出，其电路为：发电机中性点 N→调节器 N 接线柱→继电器线圈 2→继电器 E 接线柱→搭铁→蓄电池负极。继电器线圈 2 有电流流过，使常闭触点 K2 断开。充电指示灯电路因 K2 触点断开，充电指示灯无搭铁回路，指示灯熄灭。

励磁绕组电路为：发电机“B”→ 点火开关 1→点火开关 2→5A 熔断器→发电机励磁绕组→调节器 F 接线柱→调节器 E 接线柱→搭铁→蓄电池负极。励磁绕组电流由发电机供给，发电机处于自励状态。

2. 捷达轿车电源系统工作过程

捷达轿车电源系统电路如图 3-6 所示，当点火开关处于“ON”挡或“ACC”挡，发动机

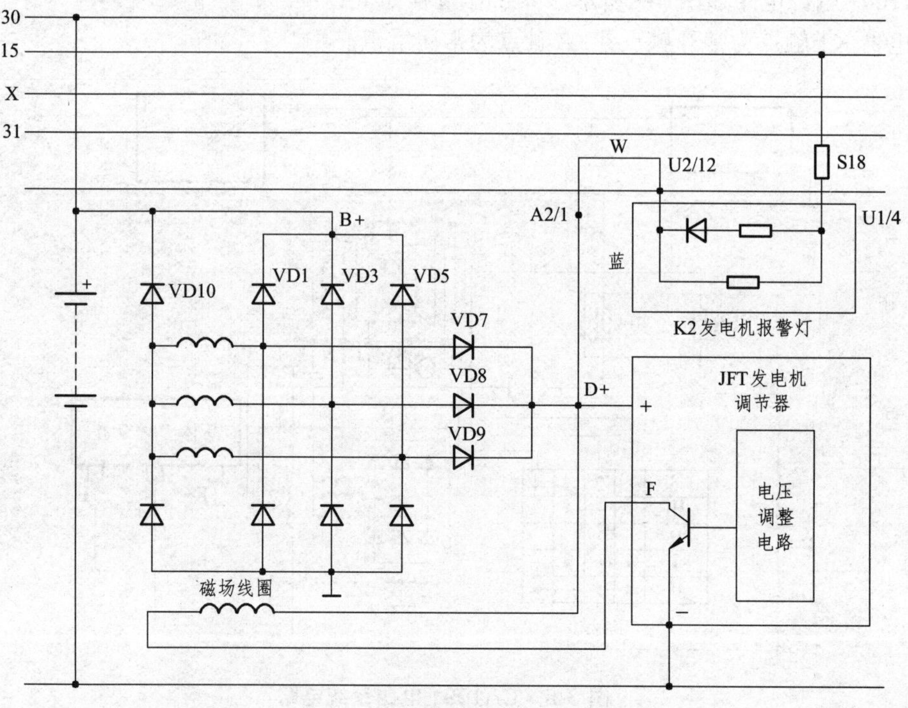

图 3-6 捷达轿车电源系统电路

未启动时，发电机未转动没有输出电压。发电机励磁电路的工作电流由蓄电池提供。此充电指示灯是一只发光二极管，其电路是：蓄电池→点火开关 30→点火开关 15→S18 熔断器→充电报警指示灯→发电机“D＋”接线柱→发电机励磁线圈→调节器 F 接线柱→调节器内大功率开关调整管→调节器“－”接线柱→搭铁→蓄电池“－”极。此时二极管导通，充电指示灯点亮，发电机处于他励状态。

当发动机启动后，在曲轴带轮的带动下，发电机转子旋转，发电机定子的三相绕组中产生交流电，然后通过硅二极管整流后在“D＋”和“B＋”端输出直流电。且发电机输出的电压大于蓄电池端电压，发光二极管负极电压高于正极，发光二极管截止，不亮。同时由于“D＋”点电位升高后，发电机励磁电流由发电机“D＋”点输出，发电机进入自励状态。发电机“B＋”端接蓄电池“＋”端，发电机电压高于蓄电池后，发电机对蓄电池进行充电。

引导问题 4：如何分析汽车电源系统常见故障？

充电系统常见的故障有不充电、充电电流过大或过小、充电电流不稳定等。充电系统的电路结构不同，故障现象和涉及的故障原因、故障诊断方法等不尽相同。下面以一普通的充电系统为例，介绍充电系统常见故障的诊断方法。

1. 不充电（充电指示灯不熄灭）

1）故障现象

发动机在怠速以上运转时，充电指示灯不熄灭（装电流表的充电系统，电流表指示放电），并且蓄电池会很快亏电。

2）故障原因

① 充电电路的故障：发电机“D”或“F”接线柱搭铁，发电机“D”、“F”至调节器“D”、“F”之间线路有搭铁。

② 发电机的故障：电枢绕组有短路、断路或搭铁；磁场绕组有短路或搭铁；整流二极管有断路或短路等。

③ 调节器的故障：调节器触点接触不良（单独点调节器）；高速触点黏结（双触点调节器）；调节器弹簧过弱或断脱（触点式调节器）；调节器内部电路搭铁（电子调节器）等。

④ 机械故障，发电机安装松动或传动带磨损而打滑。

3）故障诊断

① 检查发电机传动带是否松动打滑，如果是，予以排除；如果不是，则进行下一步。

② 检查熔断器是否断路。

③ 检查有关线路有无搭铁，直观检查有关线路线束无破损搭铁后，还需用万用表进行检查，拆下发电机“D”、“F”接柱与调节器“D”、“F”接柱上的接线，测量“D”和“F”导线端子与接地之间的电阻，均应为∞。如果电阻为 0 或很小，则为线路搭铁或有漏电故障，应予以修理或更换；如果无搭铁，则进行下一步。

④ 检查发电机是否正常发电，方法是：拆下调节器“F”上的导线，并与“D”相接（短路调节器），然后使发动机在怠速以上的转速下运转，看充电指示灯是否熄灭。如果能熄灭，

说明发电机能正常发电，需检查或更换调节器；如果充电指示灯仍不熄灭，则为发电机有故障，应对其进行检修或更换。

说明： 有些用继电器控制充电指示灯的充电系统出现充电指示灯不熄灭故障时，并不一定就不充电。如图 3-5 所示的充电指示灯控制电路，充电指示灯继电器线圈或连接发电机中点的导线有断路或短路，就会造成充电指示灯不熄灭，但充电系统仍正常充电。

2. 不充电（充电指示灯不亮）

1）故障现象

接通点火开关时，充电指示灯不亮，并且蓄电池会很快亏电。

2）故障原因

① 充电电路故障：点火开关至发电机“F”接柱线路有断路；熔丝烧断（发电机励磁回路有熔断器保护的充电电路）。

② 发电机故障：磁场绕组有断路；电刷与滑环严重接触不良。

③ 调节器故障：单触点调节器触点严重接触不良；电子调节器开关三极管断路或内部电路故障而使开关三极管不能导通。

④ 充电指示灯已烧坏。

3）故障诊断

① 检查连接发电机励磁回路的熔丝（若有的话），如果已烧断则予以更换。接通点火开关后，测量调节器“D”接柱对地电压。若电压为 0 V，则应检查调节器“D”接柱至点火开关的线路有无断路及充电指示灯是否烧坏；若为蓄电池电压，则进行下一步。

② 在接通点火开关时，测量调节器“F”接柱对地电压。若电压为 0 V 或很低，则需检修或更换调节器；若为蓄电池电压，则进行下一步。

③ 在接通点火开关时，测量发电机“F”接柱对地电压。若电压为 0 V，则需检修发电机至调节器之间的电路；若为蓄电池电压，则需检修发电机。

说明： 有些用继电器控制充电指示灯的充电系统出现充电指示灯不亮故障时，并不一定就不充电。比如图 3-5 所示的充电指示灯控制电路，充电指示灯继电器触点接触不良，也会造成充电指示灯不亮，但充电系统则可正常充电。

3. 充电电流过小

1）故障现象

充电指示灯能熄灭或在较高的转速下才能熄灭，充足电的蓄电池很容易出现亏电，夜间前照灯亮度低（装有电流表的充电系统，发动机在中速以上运转，且蓄电池存电不足（比如刚刚起动不久）的情况下，电流表指示的充电电流在 5 A 以下，或发动机在中速以上时，开前照灯电流表即指示放电）。

2）故障原因

① 充电线路连接不良，接触电阻过大。

② 发电机有故障：磁场绕组有局部短路；电刷与滑环接触不良；电枢绕组有断路或短路、整流二极管有短路或断路。

③ 调节器弹簧过弱而使调节电压过低（触点式调节器）；低速触点接触不良（双触点式调节器）；电子元件性能变化而使调节电压值下降（电子调节器）。

④ 发电机传动带打滑。

3）故障诊断

① 检查发电机传动带的松紧度与充电线路的连接，如果传动带过松，将其调整至适当程度；如果线路连接处有松动，则将其紧固。

② 检查发电机是否正常发电，方法是：拆下调节器“F”上的导线，并与“D”相接（短路调节器），然后慢慢提高发动机的转速，并测量发电机“D”或“B”接柱对地电压。如果电压能随发电机转速的升高而上升至调节电压值，则说明发电机正常，应检修或更换调节器；如果发电机转速升高时，电压变化很小，在发动机转速很高时也达不到调节电压值，则为发电机故障，应对其进行检修。

说明： 如果检查发电机、调节器及线路等均无故障，但蓄电池很容易出现亏电，则可能是蓄电池极板硫化，应检查或更换蓄电池。

4. 充电电流过大

1）故障现象

汽车各种灯泡易烧，蓄电池电解液消耗过快（装有电流表的充电系统，电流表始终指示10 A以上的充电电流）。

2）故障原因

① 调节器故障：触点式调节器的电磁线圈短路或断路；高速触点接触不良（双触点式调节器）；调节器失调（因弹簧张力过大或气隙不当而使调节电压值过大）；电子调节器开关三极管短路或其他电子元件故障而使开关三极管不能截止。

② 线路故障：触点式调节器搭铁不良（搭铁线断脱）；电子调节器接线错误。

3）故障诊断

检查调节器与发电机的连接线路是否有误或调节器的搭铁是否良好，若线路无问题，则应检修或更换调节器。

5. 充电电流不稳定

1）故障现象

充电指示灯忽明忽暗变化不定（装有电流表的，电流表指针来回摆动）。

2）故障原因

① 发电机故障：电刷与滑环接触不良；内部导线连接处松动。

② 调节器故障：触点式调节电阻断路；电子调节器元件松动或搭铁不良。

③ 电路故障；充电系统有关线路连接接处松动。

④ 发电机传动带较松，时而打滑。

3）故障诊断

① 检查发电机传动带的松紧度及线路连接，必要时予以调节和紧固。

② 拆下调节器“F”接柱导线，连接于“D”接柱（将调节器短路），使发动机保持高怠速运转。如果充电指示灯忽明忽暗现象消失，则说明发电机无故障，应检修或更换调节器；如果充电指示灯仍有忽明忽暗变化，则需检修发电机。

6. 发电机工作中有异响

1）故障现象

发电机运转过程中有不正常噪声。

2）故障原因

① 传动带过紧或过松。

② 发电机轴承损坏被卡住或松旷缺油。

③ 发电机转子与定子相碰。

④ 电刷磨损过大，或电刷与集电环接触角度偏斜，电刷在电刷架内倾斜摆动。

⑤ 发电机总装时部件不到位，使机体倾斜或发电机电枢轴弯曲。

⑥ 发电机传动带盘与轴松旷，使传动带盘与散热片碰撞。

3）故障诊断

① 检查风扇传动带松紧度。

② 检查发电机传动带与发电机是否安装松旷。

③ 用手触摸发电机外壳和轴承部位是否烫手或有振动感，若烫手说明定子和转子相碰或轴承损坏。借助听诊器或旋具倾听发电机轴承部位，声音清脆、不规则，说明轴承缺油或滚柱已损坏。

④ 拆下电刷，检查其磨损和接触情况。

⑤ 拆检发电机，检查其内部机件配合和润滑是否良好。如果发电机噪声细小而均匀，应检查硅二极管和磁场线圈是否短路或断路。

二、任务实施

引导问题 5：对电源系统电路检修，需要使用的设备、工具和量具有哪些？

（1）设备：卡罗拉汽车、工作台；
（2）防护用品：转向盘护套、选挡杆手柄套、座位套、脚垫、翼子板和前格栅磁力护裙；
（3）工量具：扳手、螺丝刀、万用表。

引导问题 6：丰田卡罗拉电源系统使用注意事项有哪些？

（1）检查并确认蓄电池电缆连接到了正确的端子。
（2）蓄电池进行快速充电时，断开蓄电池电缆。

（3）请勿使用高压绝缘电阻检测仪（如兆欧表）进行测试。

（4）发动机运转时，切勿断开蓄电池。

（5）检查并确认充电电缆螺母紧固在发电机和发动机室继电器盒的端子 B 上。

引导问题 7：在对电源系统电路检修前，应做哪些准备工作？

（1）清洁工位，准备好相关的工、量具。

（2）打开车门，套上方向盘罩、脚垫、驾驶员座椅罩、变速杆罩及手制动杆罩。如图 3-7 所示。

（3）将汽车停驻在举升机中央位置，拉紧驻车制动器操纵杆，并将变速杆置于空挡位置，安装好车轮挡块。如图 3-8 所示。

图 3-7　套上室内五件套

图 3-8　汽车停驻在举升机中央位置

（4）在车内拉动发动机舱盖手柄。如图 3-9 所示。

（5）在车外打开并支撑发动机舱盖，并装好三件套，拆卸发动机后部右侧底罩、散热器上空气导流罩、2 号气缸盖罩。如图 3-10 所示。

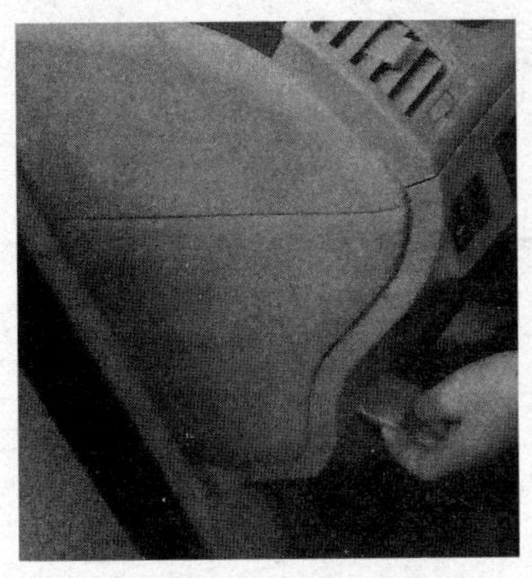

图 3-9　拉动发动机舱盖手柄

图 3-10　安装三件套

引导问题 8：怎样正确检修丰田卡罗拉电源系统故障？

丰田卡罗拉电源系统常见故障如表 3-1 所示。使用该表可帮助诊断故障原因，以递减的顺序表示故障原因的可能性。按顺序检查每个可疑部位。必要时维修或更换有故障的零部件或进行调整。

表 3-1 电源系统常见故障列表

故障现象	可疑部位
充电警告灯不亮	蓄电池
	线 路
驾驶时充电警告灯亮起	离合器皮带轮
	发电机总成
	线 路
发动机运转时，发电机产生噪声	多楔带
	离合器皮带轮
	发电机总成

1. 充电警告灯不亮

（1）检查蓄电池状况。

小提示：如果蓄电池电量不足或发动机起动困难，则执行以下操作程序。

① 检查蓄电池是否损坏和变形。如果发现严重损坏、变形或泄漏，则更换蓄电池。

② 检查各单格的电解液液量。

免维护蓄电池：如果电解液液量低于下限，则更换蓄电池；非免维护蓄电池：如果电解液液量低于下限，则向各单格添加蒸馏水。然后，对蓄电池重新充电并检查电解液比重。其标准比重：在 20 °C（68 °F）时为 1.25 ~ 1.29 g/cm^3。

③ 如果电解液液量高于下限，则在启动发动机时检查蓄电池电压。如果电压低于 9.6V，则对蓄电池重新充电或更换蓄电池。测量完成后将结果填入表 3-2 中。

表 3-2 测量蓄电池电压值

万用表连接端子	规定值	测量值	结果分析
蓄电池正、负极	≥9.6 V		

小提示：检查蓄电池电压之前，关闭所有的电气系统（前大灯，鼓风机电动机，后除雾器等）。

（2）检查蓄电池端子。

检查并确认蓄电池端子未松动或未被腐蚀。如果端子腐蚀，则清洁或更换端子。

（3）检查保险丝。

测量 ECU-IG No.2 保险丝、ALT-S 保险丝、ALT 保险丝、ECU-B 保险丝和 METER 保险

丝的电阻。如果结果不符合规定，则根据需要更换 ECU-IG No.2 保险丝、ALT-S 保险丝、ALT 保险丝、ECU-B 保险丝和 METER 保险丝。测量完成后将结果填入表 3-3 中。

表 3-3　检测保险丝

万用表连接	规定值	测量值	结果分析
ECU-IG No.2 保险丝	小于 1 Ω		
ALT-S 保险丝	小于 1 Ω		
ALT 保险丝	小于 1 Ω		
ECU-B 保险丝	小于 1 Ω		
METER 保险丝	小于 1 Ω		

（4）查阅卡罗拉维修手册，其电源线路如图 3-11 所示。

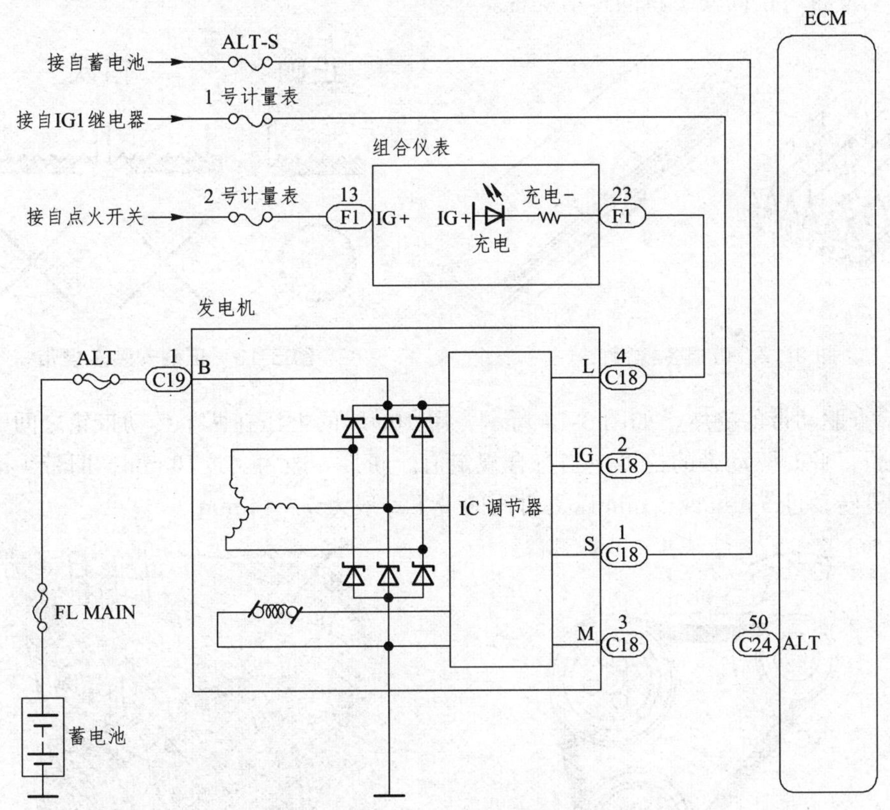

图 3-11　卡罗拉电源电路

① 用万用表电压挡测量组合仪表的 13 号端子电压，其电压值应大于 9.6 V。若小于 9.6 V，则 2 号计量表熔断器至组合仪表线束接触不良，应更换；若无电压，则 2 号计量表熔断器至组合仪表线束断路。

② 检查组合仪表 23 号端子至发电机 L 端子，用万用表电阻挡测量组合仪表 23 号端子至发电机 L 端子之间电阻，其阻值应小于 1 Ω。若其阻值大于 10 kΩ，则说明这段线束断路，应更换线束；若其阻值偏大，则说明这段线束存在接触不良，应更换线束。

③ 检查发电机搭铁，用万用表电阻挡测量发电机壳体与蓄电池负极之间的电阻值，其阻值应小于 1 Ω。若其阻值大于 10 kΩ，则说明发电机有搭铁故障，应更换发电机总成；若其阻值偏大，则说明发电机有搭铁不良，应更换发电机。

2. 驾驶时充电指示灯亮起

（1）检查多楔带，检查皮带有无磨损、破裂和其他损坏痕迹。如果发现有损坏，则更换多楔带。如果发现下列任何一种损坏，则更换多楔带，如图 3-12 所示。

① 皮带磨损并露出线束。

② 不只一处出现深达线束的破裂情况。

③ 皮带棱缺损严重。

④ 检查并确认皮带正确安装在楔形槽中。

用手检查，以确认皮带没有从皮带轮底部的凹槽中滑脱，如图 3-13 所示。如果已滑出，则更换传动皮带。正确安装新的传动皮带。

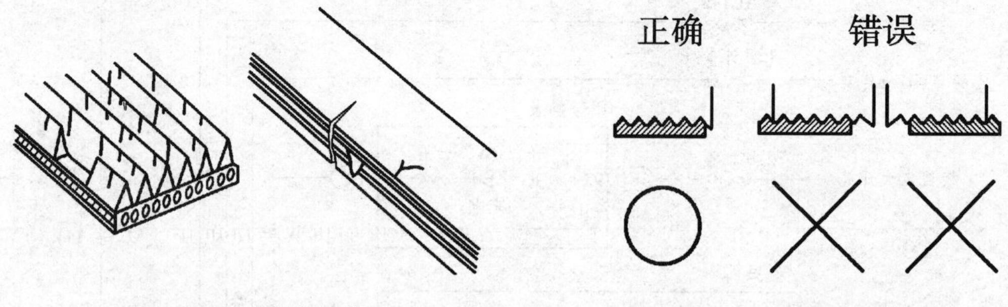

图 3-12　破损多楔带　　图 3-13　正确安装多楔带

⑤ 检查驱动带的挠度，如图 3-14 所示。用 100 N 的力压在两个传动带轮之间的驱动带的中央部位，此时驱动带的挠度应当符合规定值。新带一般为 5 ~ 10 mm，旧带（即装到车上随发动机转动过 5 min 或 5 min 以上时间的带）一般为 7 ~ 14 mm。

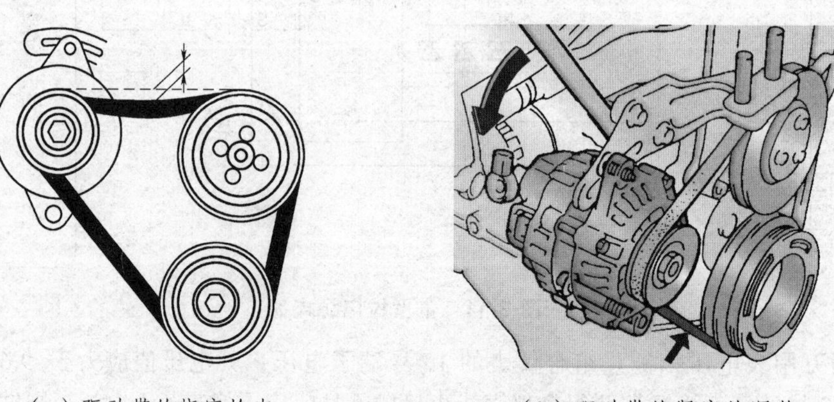

（a）驱动带的挠度检查　　（b）驱动带的紧度的调整

图 3-14　驱动带的挠度检查与调整

（2）目视检查发电机配线，检查并确认配线情况良好。如果状态不正常，维修或更换发电机线束。

（3）注意发电机是否有异响。发动机运转时，检查并确认发电机没有异响。如果有异响，应更换皮带轮或发电机。

（4）检查不带负载的充电电路。

① 将电压表和电流表连接至充电电路。将配线从发电机端子 B 上断开，并将其连接到电流表的负极（–）引线上；将电流表的正极（+）引线连接到发电机的端子 B；将电压表的正极（+）引线连接到蓄电池的正极（+）端子；将电压表负极（–）引线搭铁。

② 检查充电电路，将发动机转速保持在 2 000 r/min，检查电流表和电压表的读数。测量完成后，将表 3-4 补充完整。其标准电流应小于等于 10 A，其标准电压应在 13.2 ~ 14.8 V 之间。如果结果不符合规定，则更换发电机。

小提示： 如果蓄电池没有充满电，则电流表读数有时会大于标准安培数。

表 3-4 不带负载时发电机电流、电压值

万用表连接	规定值	测量值	结果分析
发电机端子 B ~ C19-1	≤10 A		
蓄电池正极 ~ 车身搭铁	13.2 ~ 14.8 V		

（5）检查带负载的充电电路。

① 保持发动机转速在 2 000 r/min，打开远光前大灯并将加热器鼓风机开关转至 HI 位置。

② 检查电流表的读数。测量完成后，将表 3-5 补充完整。其标准电流值应大于等于 30 A。如果电流表读数小于标准安培数，则更换发电机。

小提示： 如果蓄电池已充满电，电流表读数有时会小于标准安培数。在此情况下，运行刮水器电动机和车窗除雾器以增加负载，然后再重复检查充电电路的电流和电压。

表 3-5 带负载时发电机电流、电压值

万用表挡位连接	规定值	测量值	结果分析
发电机端子 B ~ C19-1	≥30 A		

（6）检查充电警告灯电路。

① 将点火开关置于 ON 位置，检查并确认充电警告灯点亮。

② 启动发动机，然后检查并确认灯未熄灭。

③ 检查组合仪表 23 号端子是否搭铁，用万用表电阻挡测量组合仪表 23 号端子与蓄电池负极端子之间电阻，其阻值应大于 10 kΩ。若其阻值偏小，则说明此端子搭铁短路，应更换组合仪表。用同样方法检查发电机 L 端子是否搭铁，若搭铁则更换发电机总成。

3. 发动机运转时，发电机产生噪声

其检查流程如图 3-15 所示。

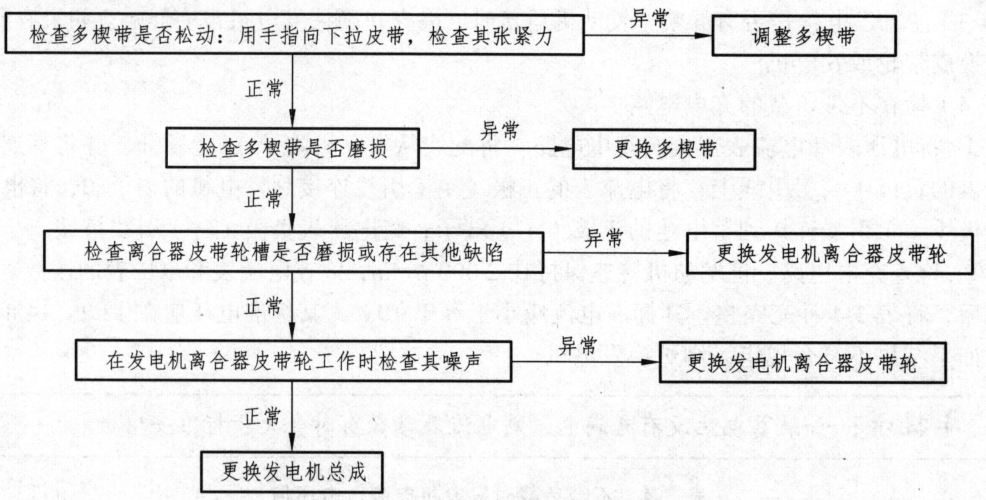

图 3-15　发动机运转时发电机产生噪声检查流程

三、评价与反馈

1. 任务实施考核成绩评定（见表 3-6）

表 3-6　电源系统线路检修考核表

考核项目及分值	考核内容	评分标准	评分记录
准备工作（10 分）	1. 清洁工量具及工作台 2. 套上方向盘罩、脚垫、驾驶员座椅罩、变速杆罩及手制动杆罩 3. 安装三件套	1. 未清洁工量具及工作台扣 2 分 2. 未套上转向盘护套、变速杆手柄套和座位套，未铺设脚垫，一项扣 2 分 3. 未安装三件套扣 5 分	
分析电源系电路工作过程（20 分）	1. 励磁电流流向 2. 充电电流流向	1. 励磁电流流向不正确扣 5～10 分 2. 充电电流流向不正确扣 5～10 分	
不充电故障诊断（30 分）	1. 离合器皮带轮 2. 发电机总成 3. 电路	1. 诊断方法不正确扣 5～10 分 2. 漏检一项扣 1～5 分 3. 未排除故障扣 10 分	
充电电流过小故障的诊断（30 分）	1. 离合器皮带轮 2. 发电机总成 3. 电路	1. 诊断方法不正确扣 5～10 分 2. 漏检一项扣 1～5 分 3. 未排除故障扣 10 分	
收尾工作（10 分）	1. 清洁设备、工量具、工作台 2. 工量具应摆放整齐 3. 遵守安全操作规范，正确使用工量具	1. 未清洁扣 1～3 分 2. 未摆放整齐一件计扣 1～3 分 3. 发生安全事故扣 1～4 分	
考核时限（10 分）	完成全部考核内容规定用时为 20 min	1. 超时每分钟扣 5 分 2. 超时 5 分钟即停止记分	

2. 任务过程评价与反馈（见表 3-7 和表 3-8）

表 3-7　任务过程评价表（教师填写）

考核项目	评分标准	分数	成绩	过程评价
劳动纪律	有无迟到、早退和旷工	5		
团队合作	是否和谐	5		
活动参与	是否精彩	5		
安全生产	有无安全隐患	10		
操作过程	是否正确、熟练	30		
任务质量	是否圆满完成	10		
工具、设备使用	是否规范、标准	10		
工作页填写	是否完整、规范	15		
现场 5S	是否做到	10		
总　分		100		

注：没有按照操作流程操作，出现人身伤害或设备严重事故，本任务考核结果为 0 分。

表 3-8　任务过程反馈表（学生填写）

反馈内容	回答
你是否完成本学习任务，并得到老师的确认？	
你是否能准确有效地收集、分析和组织完成资料，正确地交流信息？	
你是否已经掌握预期的知识和必备的技能？	
你是否充分使用学习资源和按计划有组织地达成目标？	
操作完成水平： 上述表格中的项目应为肯定回答。若不是，应咨询老师。你可以要求附加相关活动，以便完成相关的操作技能。 教师签字：________ 学生签字：________ 完成日期：________	

四、学习拓展

1. 查阅资料，分析捷达轿车电源系统线路故障检修方法？

学习任务四　起动机的检修

任务描述：

一位顾客的卡罗拉汽车不能起动，维修人员检查时，发现点火开关旋至起动挡时，只听到起动机驱动齿轮移动的声音，起动机不转，初步确定故障在起动机。请对起动机进行检查，如有必要进行修理或更换。

学习目标：

通过本学习任务的学习，应当能：

（1）知道起动机的功用及型号；

（2）知道起动机的正确拆解方法；

（3）能正确对起动机的元件进行检测；

（4）小组密切合作，规范检修和更换起动机。

建议学时：10 课时

学习内容：

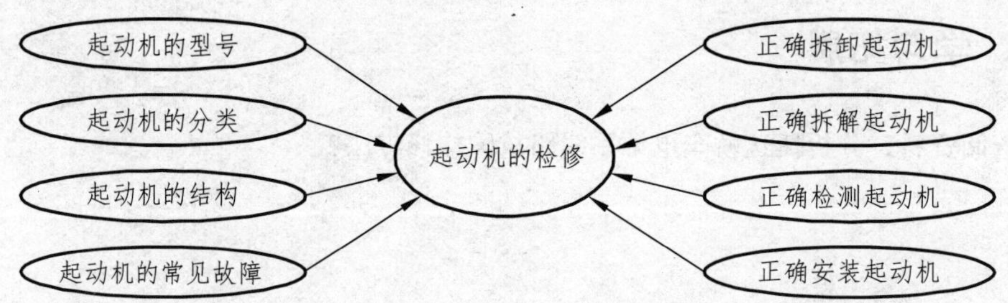

一、任务准备

引导问题 1：汽车对起动机有什么要求？

要使发动机由静止状态过渡到工作状态，必须借助外力转动发动机的曲轴，使气缸内形成可燃混合气并燃烧膨胀，工作循环才能自动进行。曲轴在外力作用下开始转动到发动机开始自动地怠速运转的全过程，称为发动机的启动。

起动机的功用是在汽车发动机启动时，将蓄电池提供的电能转换为机械能，带动曲轴旋转使之实现发动机的启动，如图 4-1 所示。

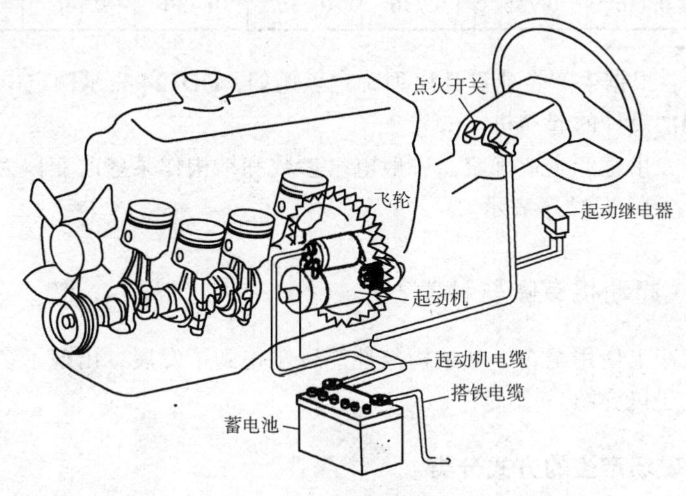

图 4-1　起动原理

对起动机的性能要求如下：

（1）起动机的齿轮与发动机的飞轮齿啮合要容易，尽量不发生冲击现象。

（2）发动机起动后，起动机的小齿轮应能自动打滑或脱离啮合，以免发动机起动后，飞轮带动起动机高速旋转，造成起动机的损坏。

（3）起动机应结构简单、工作可靠。

（4）发动机在工作中，起动机的小齿轮不能再进入啮合，防止发生冲击。

引导问题 2：怎样识读起动机的型号？

根据 QC/T 73—93《汽车电气设备产品型号编制方法》的规定，起动机型号如图 4-2 所示。

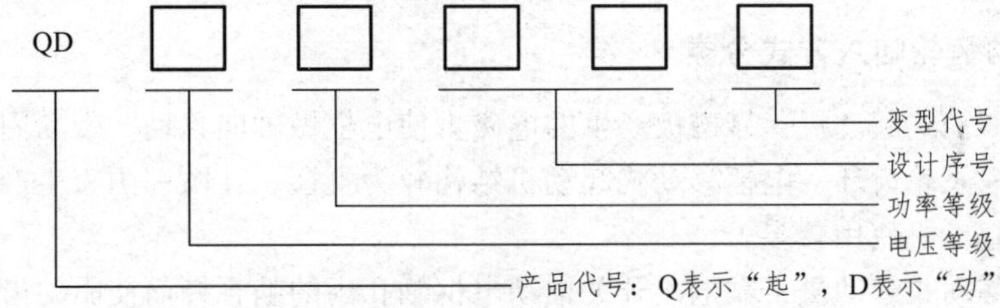

图 4-2　起动机型号

（1）产品代号：QD（代表起动机）；QDJ（代表减速型起动机）；QDY（代表永磁式起动机）。

（2）电压等级代号：1 代表 12 V，2 代表 24 V。

（3）功率等级代号：如表 4-1 所示。

表 4-1　起动机功率等级代号

功率等级代号	1	2	3	4	5	6	7	8	9
功率/kW	~0.736	(1~2)×0.736	(2~3)×0.736	(3~4)×0.736	(4~5)×0.736	(5~7)×0.736	(7~10)×0.736	(10~15)×0.736	>15×0.736

（4）设计序号：根据生产企业设计序列确定。例如，QD124 表示额定电压为 12 V、功率为 1~2 kW、第四次设计的起动机。

（5）变型代号：由生产企业确定。一般电气参数和结构作某些改变称为变形，以汉字拼音大写字母 A、B、C……顺序表示。

引导问题 3：起动机有哪些种类？

从起动机在汽车上使用至今，其结构与性能逐步得到了发展，出现了多种结构型式。现以不同的分类方式予以介绍。

1. 按电动机磁场产生的方式分类

（1）励磁式起动机：通过向磁场绕组通入电流的方式产生磁场。一直以来，汽车上的起动机普遍都采用直流串励式电动机。

（2）永磁式起动机：以永久磁铁作为磁极，这是近年来出现的新型起动机，但目前在汽车上使用还比较少。

2. 按起动时起动机的操纵方式分类

（1）直接操纵式起动机：由司机通过脚踏起动踏板或手拉起动拉杆直接操纵拨叉，使起动机驱动齿轮轴向移动而啮入飞轮齿圈。直接操纵式起动机结构简单，但起动操作比较麻烦，因此现已被淘汰。

（2）电磁操纵式起动机：由电磁开关通电后产生的电磁力控制驱动齿轮啮入飞轮齿圈和接通电动机电路，现已被普遍采用。

3. 按驱动齿轮啮入方式分类

（1）电枢移动式起动机：靠磁极产生的电磁力使电枢做轴向移动，带动固定在电枢轴上的驱动齿轮啮入飞轮齿环。电枢移动式起动机结构较为复杂，在欧洲国家生产的柴油车上，此种结构形式起动机使用较多。

（2）齿轮移动式起动机：靠电磁开关推动电枢轴孔内的啮合杆而使驱动齿轮啮入飞轮齿环。齿轮移动式起动机结构也比较复杂，采用此种结构的起动机一般为大功率的起动机。

（3）强制啮合式起动机：靠电磁力通过拨叉或直接推动驱动齿轮做轴向移动啮入飞轮齿环。强制啮合式起动机工作可靠、结构也不复杂，因而使用最为广泛。

4. 按传动机构结构分类

（1）非减速起动机：起动机与驱动齿轮之间直接通过单向离合器传动。

（2）减速起动机：在起动机与驱动齿轮之间增设了一组减速齿轮。减速起动机具有结构尺寸小、质量轻、起动可靠等优点，在一些轿车上应用越来越广泛。

引导问题 4：汽车起动机由哪几部分组成？

起动机由直流电动机、传动机构和控制装置三部分组成，如图 4-3 所示。

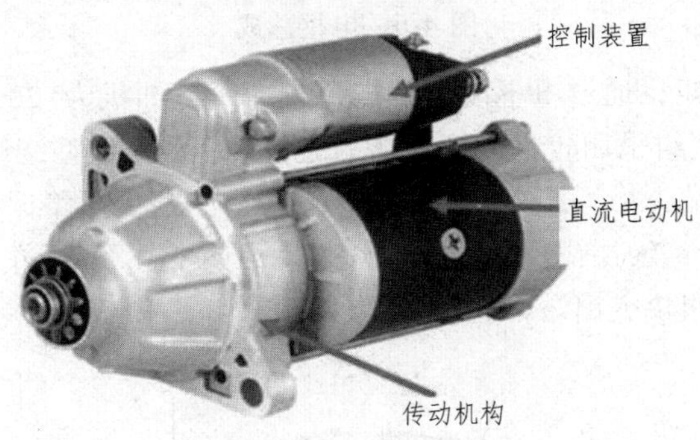

图 4-3　起动机的组成

直流电动机将蓄电池输入的电能转换为机械能，产生电磁转矩。

传动机构将电动机的动力传递给发动机飞轮；当飞轮转速高于起动机时，则断开发动机向起动机的逆向动力传递。

控制装置的作用是控制起动机驱动齿轮与发动机飞轮的啮合与分离以及直流电动机电路的通断。

引导问题 5：直流电动机由哪些主要部件构成？其结构如何？

直流电动机由电枢（转子）、磁极（定子）、换向器和电刷等主要部件构成，如图 4-4 所示。

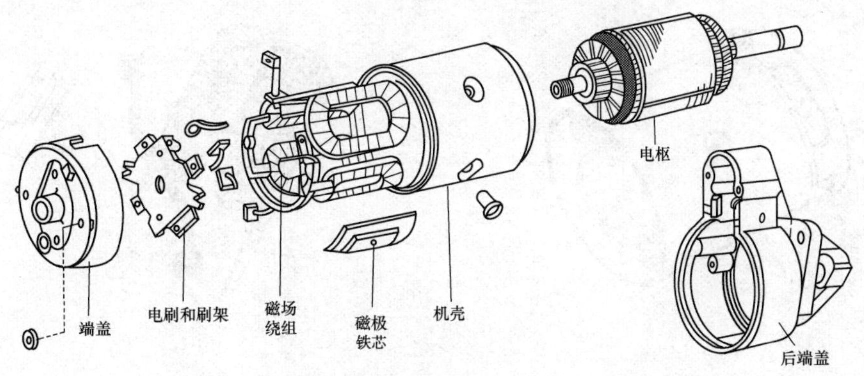

图 4-4　直流电动机的组成

1. 电　枢

电枢是直流电动机的转动部分，产生转矩，又称为转子。转子由外圆带槽的硅钢片叠成的铁芯、电枢绕组线圈、电枢轴和换向器组成，如图 4-5 所示。

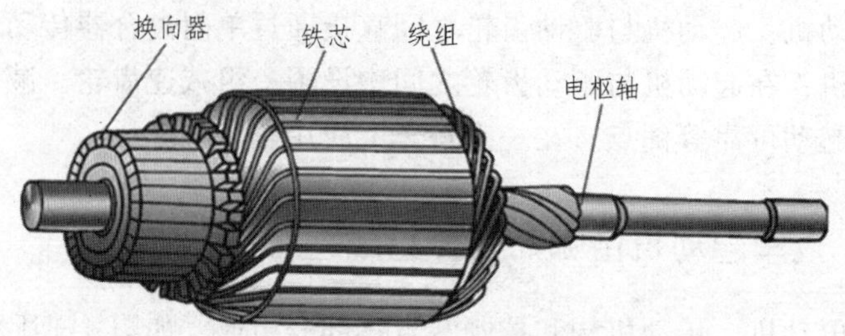

图 4-5　电枢总成

为了获得足够的转矩，通过电枢绕组的电流较大（汽油机为 200 ~ 600 A；柴油机可达 1 000 A），因此，电枢绕组采用较粗的矩形裸铜漆包线绕制为成型绕组。

电枢绕组各线圈的端头均焊接在换向器的铜片上。为避免短路，在铜片与铜片之间有绝缘垫片（云母片）。云母绝缘层应比换向器铜片外表面凹下 0.8 mm 左右，如图 4-6 所示，以免铜片磨损时，云母片很快突出。

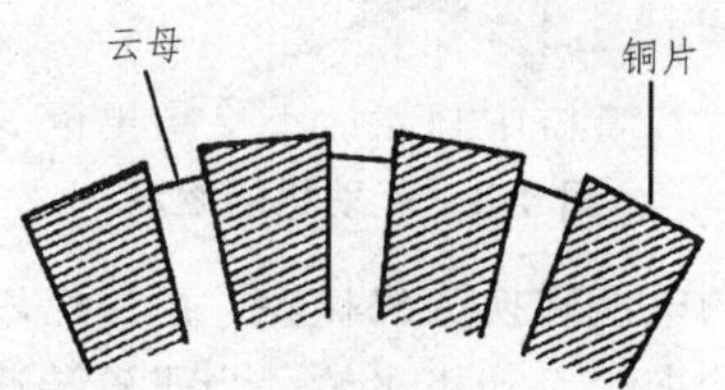

图 4-6　换向器云母与铜片

2. 磁　极

磁极的作用是产生磁场，由固定在机壳内的磁极铁芯和磁场绕组线圈组成，如图 4-7 所示。当磁场绕组通电后，定子铁芯被磁化，定子绕组和铁芯构成磁极。

磁极一般是 4 个，两对磁极相对交错安装在电机的壳体内，低碳钢板制成的机壳也是磁路的一部分。

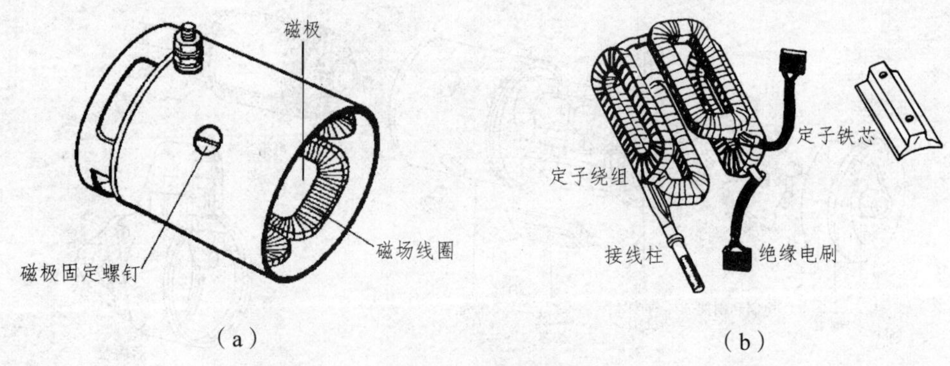

图 4-7　磁极的结构

励磁绕组与电枢绕组串联，称为串励式直流电动机；若励磁绕组与电枢绕组并联，则称为并励式；若励磁绕组与电枢绕组既有串联也有并联，则称为复励式，如图 4-8 所示。

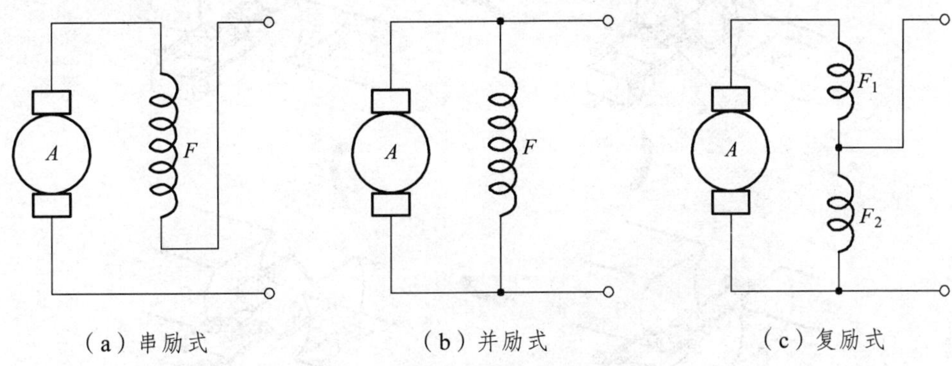

图 4-8　励磁绕组和电枢绕组连接方式

3. 电刷与电刷架

电刷是用来连接磁场绕组和电枢绕组的。电刷通过电刷弹簧安装在电刷架上，与换向器保持接触，如图 4-9 所示。一般有四个电刷，两个绝缘电刷两个搭铁电刷。其中绝缘电刷的电刷架与座板之间有绝缘垫片，因此绝缘电刷与后端盖绝缘，故称为绝缘电刷。搭铁电刷直接安装在电刷架上且电刷架与座板之间没有绝缘垫片，因此搭铁电刷与端盖直接相连并搭铁，故称为搭铁电刷。电刷由铜粉与石墨粉压制而成，呈棕黑色。

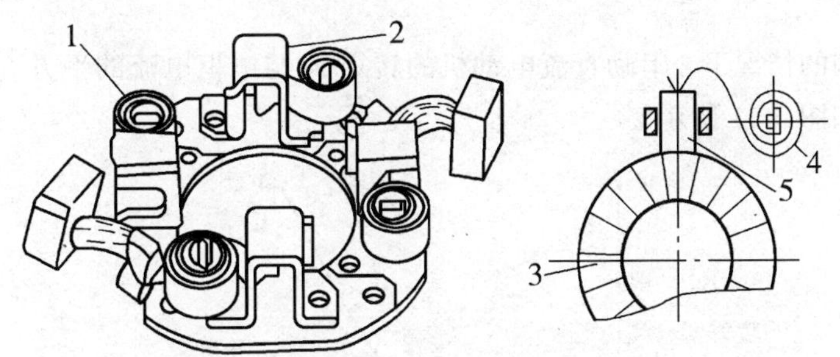

图 4-9　电刷与电刷架

1—电刷弹簧；2—电刷架；3—换向器；4—盘形弹簧；5—电刷

引导问题 6：直流电动机的电磁转矩是怎样产生的？

直流电动机的工作原理就是通电导体在磁场中受电磁力作用，电磁力的方向遵循左手定则。

如图 4-10 所示，当电路接通时，蓄电池的电流便经励磁绕组和电枢绕组形成回路。励磁绕组通电后形成电磁场，如图中的磁极“N”和“S”。电枢绕组便处于励磁绕组提供的磁场中，通电的电枢绕组便会受到电磁力作用而发生运动。其受力方向遵循左手定则，图 4-10 中左、右两个线圈框因电流方向相反，所以其电磁力方向也相反。同理，在纵向方向电枢绕组会受到左、右方向的电磁力。这样电枢绕组便转动起来。实际的电枢上有很多线圈，换向器铜片也有相应的对数。

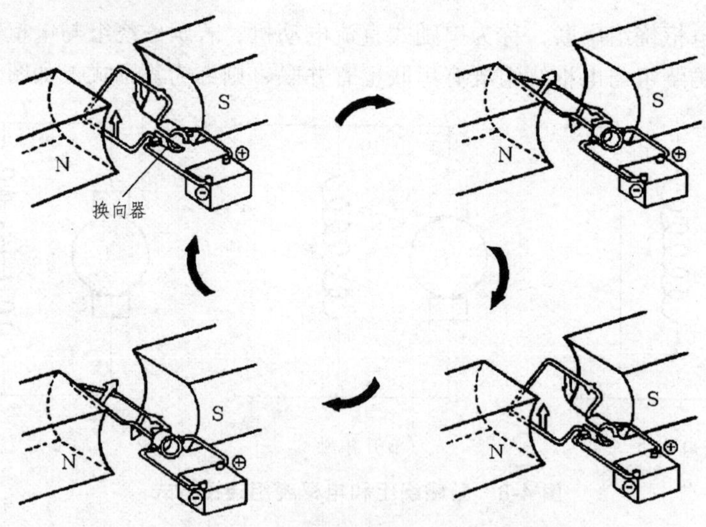

图 4-10　直流电动机的工作原理

引导问题 7：起动机工作特性是什么？

串励直流电动机的特点是起动转矩大，机械特性软（电枢转速随其负载增大而降低，随其负载的减小而上升）。

1. 转矩特性

在磁路未饱和的情况下，串励直流电动机的转矩 M 与电枢电流的平方 I_S^2 成正比。直流电动机的转矩特性如图 4-11 所示。

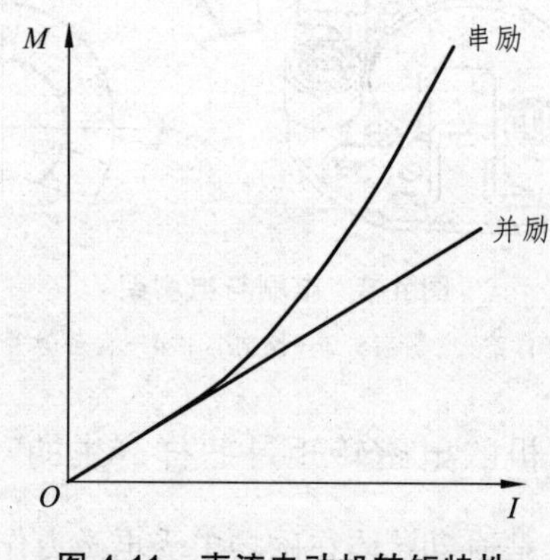

图 4-11　直流电动机转矩特性

2. 转速特性（机械特性）

串励直流电动机转速 n 与电枢电流 I_s 的关系式为：

$$n = \frac{U - I_s(R_s + R_j)}{C_1\Phi}$$

串励电动机在磁极未饱和时，由于 Φ 不为常数，当 I_s 增加（即电枢转矩增大）时，由于

Φ 与 $I_s(R_s+R_j)$ 也随之增加，因此，电枢转速 n 随 $I_s(M)$ 的增大下降较快，故具有较软的机械特性，如图 4-12 所示。

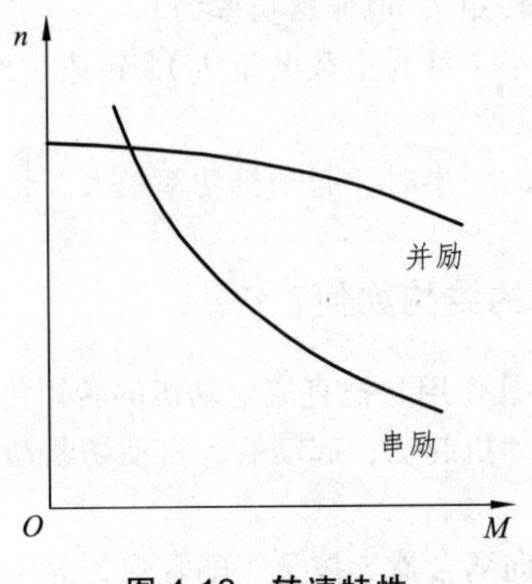

图 4-12　转速特性

即直流串励电动机具有在轻载时，电枢电流小，转速高；在重载时，电枢电流大，转速低的软机械特性，能保证发动机既安全又可靠地起动，这是汽车起动机采用串励式电动机的又一主要原因。

3. 功率特性

串励式电动机的功率 P 可用下式表示：

$$P=Mn/9\ 550$$

式中　M——电枢轴上的力矩（Nm）；

n——电枢转速（r/min）。

由式可以看出，在完全制动（$n=0$）和空转（$M=0$）两种情况下，起动机的功率都等于 0。因为起动机工作时间很短，可以允许在最大功率下工作，所以把起动机的最大输出功率称为起动机的额定功率。其特性曲线如图 4-13（a）所示。

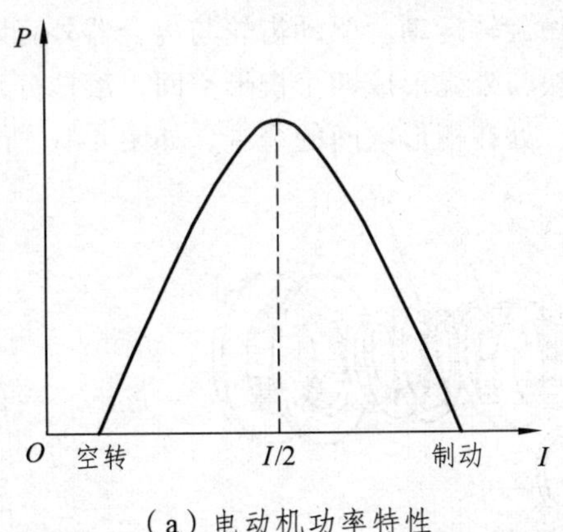

（a）电动机功率特性

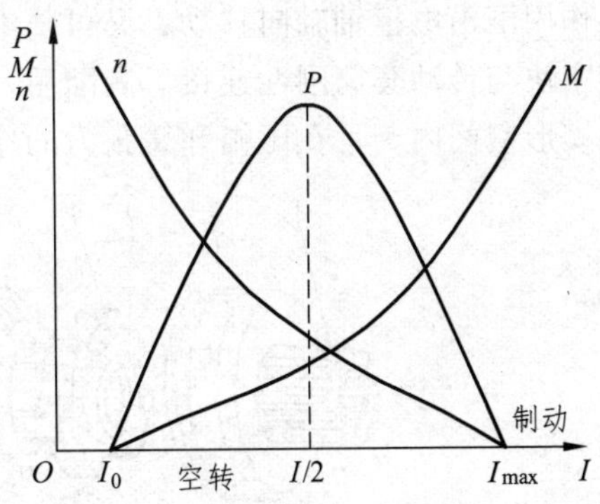

（b）直流串励式电动机工作特性

图 4-13　电动机特性曲线

直流串励式电动机的转矩、转速、功率特性完全可以表述起动机的工作特性。如图 4-13

（b）所示为三大特性曲线在同一坐标系的情况，由该图可以看出：

（1）完全制动时，相当于起动机刚接通的瞬间，$n=0$，电枢电流最大（即制动电流 I_{max}），转矩也达到最大值（称为制动转矩），但输出功率为 0。

（2）起动机空转时电流最小（称为空载电流 I_0），转速达到最大值（称为空载转速），输出功率也为 0。

（3）在电流接近制动电流的一半时，起动机功率最大。将其最大功率作为额定功率。

引导问题 8：传动机构的结构如何？

传动机构如图 4-14 所示，其作用是把直流电动机的转矩传递给发动机飞轮，飞轮再把转矩传递给发动机的曲轴，使发动机起动；起动后，自动切断动力传递，防止电动机被发动机带动超速运转而遭到损坏。

传动机构由驱动齿轮、单向离合器、拨叉、啮合弹簧等组成。单向离合器有滚柱式、摩擦片式、弹簧式等几种。

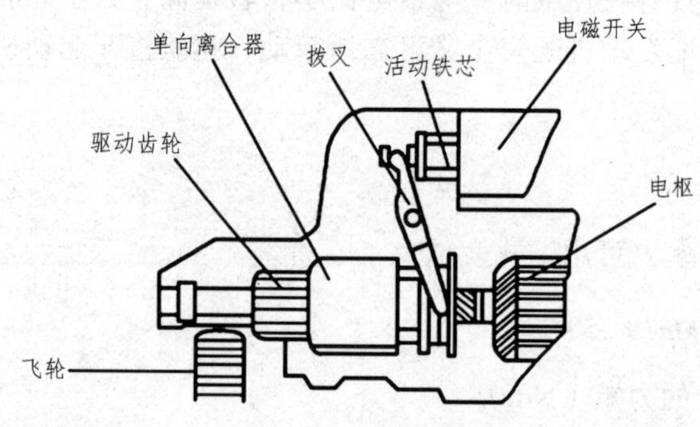

图 4-14　传动机构

下面以滚柱式单向离合器为例，讨论单向离合器的工作原理。

滚柱式单向离合器是通过改变滚柱在楔形槽中的位置实现分离和结合的，其结构如图 4-15 所示。离合器的套筒内有螺旋花键，此花键与电枢轴前端的花键结合。单向离合器既可在拨叉作用下沿电枢轴轴向移动，又可随电枢轴做旋转运动。驱动齿轮与离合器外壳刚性连接，十字块与传动套筒刚性连接。装配后，十字块与外壳形成四个楔形空间，滚柱分别安装在四个楔形空间内，且在压帽弹簧张力的作用下，处在楔形空间的窄端，如图 4-16 所示。

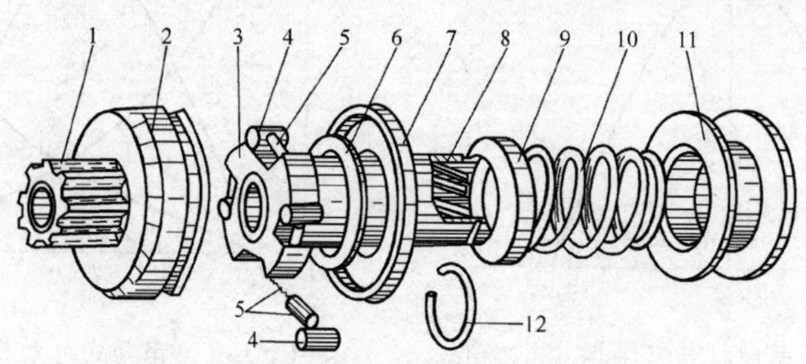

图 4-15　滚柱式离合器结构

1—驱动齿轮；2—外壳；3—十字块；4—滚柱；5—压帽及弹簧；6—垫圈；7—护盖；8—花键套筒；9—弹簧座；10—啮合弹簧；11—拨环；12—卡簧

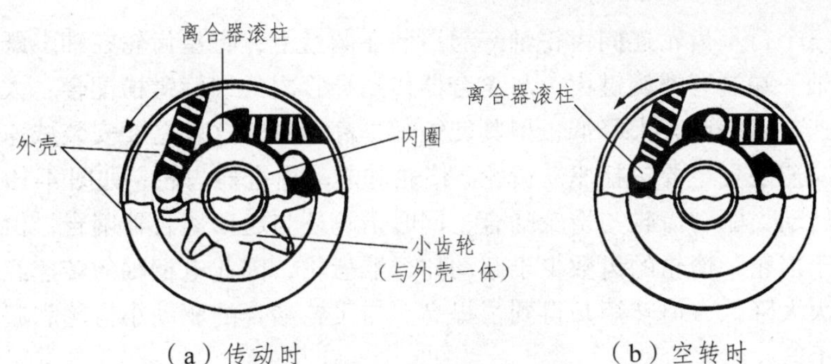

图 4-16　离合器工作原理

当启动发动机时，在电磁力的作用下，拨叉移动使离合器总成与起动小齿轮沿电枢轴轴向移动，实现起动小齿轮与发动机飞轮的啮合。同时，因电枢轴的转动使滚柱被挤在楔形空间的窄端，并越挤越紧，使花键套筒与驱动齿轮形成一体，即驱动齿轮与电枢轴一起转动。发动机起动后，当飞轮转速高于驱动齿轮时，飞轮带动驱动齿轮旋转，使滚柱滚向锲形空间较宽的一端，于是十字块与外壳脱离，发动机动力不能传给电枢轴，起到分离作用，电枢轴只按自己的转速空转，避免电枢超速飞散的危险。

此种离合器构造简单，工作可靠；接合时为刚性，不能承受大的冲击力，传递大扭矩会因滚柱卡死而失效；适用于额定功率在 1.47 kW 以下的小型起动机。

引导问题 9：减速机构如何工作？

减速是指在电枢轴和单向离合器之间加装一套减速机构，将直流电动机的转速降低、转矩增大后再带动驱动齿轮。减速型起动机具有体积小、质量轻和驱动转矩大的优点，在相同输出功率条件下比普通起动机的质量减少 20%～40%，体积约减小一半。这不仅提高了起动性能，也相对减轻了蓄电池的负担。因此，减速型起动机现已普遍推广使用。

常见的减速机构有行星齿轮式、平行轴式。

行星齿轮减速装置中有三个行星齿轮、一个太阳轮（电枢轴齿轮）及一个固定的内齿圈，如图 4-17 所示。内齿圈固定不动，行星齿轮支架是一个有一定厚度的圆盘，圆盘和驱动齿轮

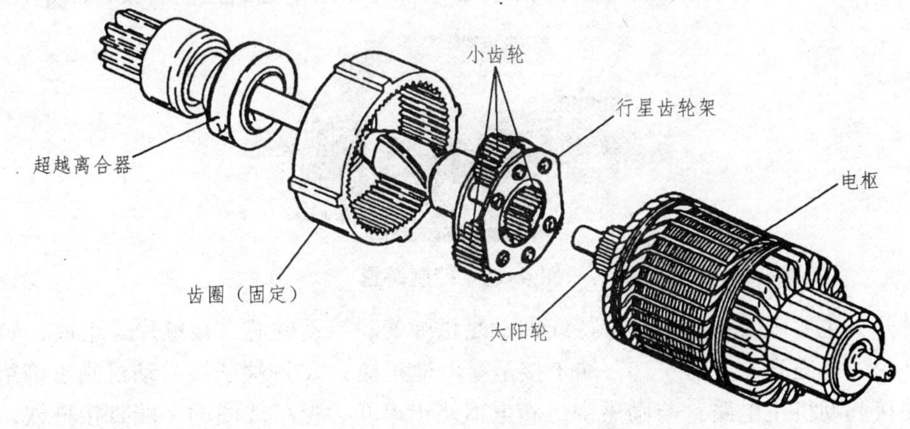

图 4-17　行星齿轮减速机构

轴制成一体。三个行星齿轮连同齿轮轴一起压装在圆盘上，行星齿轮在轴上既有自转也有公转。驱动齿轮轴一端制有螺旋键齿，与离合器传动导管内的螺旋键槽配合。太阳轮的转速经过行星齿轮减速装置后已大大降低，但其转矩却提高不少，这就是要安装减速装置的目的。

平行轴式减速装置主要包括驱动齿轮、惰轮和起动离合器齿轮，如图 4-18 所示。电枢轴带动驱动齿轮转动，驱动齿轮与惰轮啮合，同时惰轮还与起动离合器啮合。由图可知，驱动齿轮的齿数少于惰轮，惰轮的齿数少于起动离合器齿轮，因此电枢轴的转速经过这三个齿轮的传递转速也大大降低，但转矩却得到了提高。与飞轮啮合的驱动小齿轮和起动离合器齿轮安装在同一轴上。

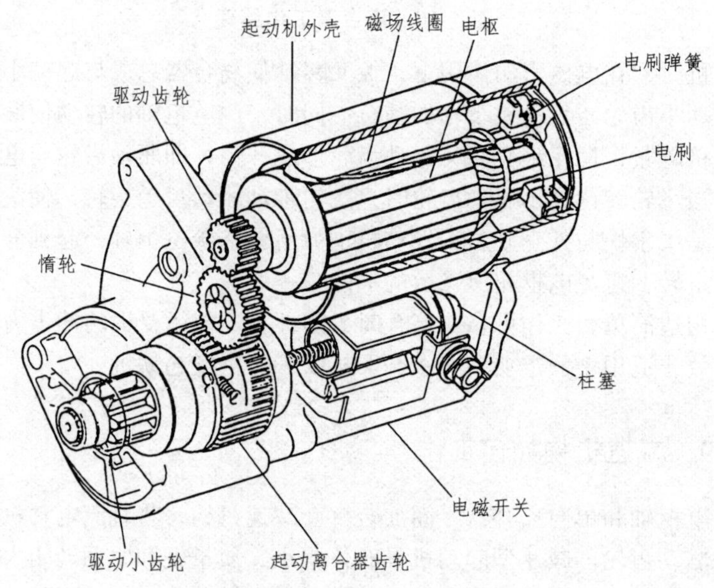

图 4-18　平行轴式减速起动机

引导问题 10：控制装置如何工作?

控制装置又称为电磁开关，控制驱动齿轮与飞轮齿圈的啮合与分离，并控制直流电动机电路的接通与切断。现代汽车上，起动机的控制装置均采用电磁式控制装置，如图 4-19 所示。

图 4-19　控制装置

电磁开关主要由吸引线圈、保持线圈、复位弹簧、活动铁芯、接触片等组成，如图 4-20 所示。其中，电磁开关上的“30”端子接至蓄电池正极；“C”端子接起动机励磁绕组；吸引线圈一端接起动机主电路，与励磁绕组和电枢绕组串联，保持线圈的一端直接搭铁，两线圈的公共端接点火开关。

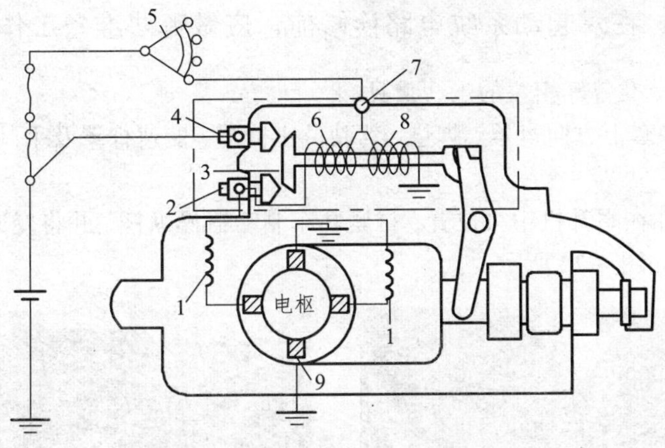

图 4-20　起动机控制电路

1—励磁线圈；2—"C"端子；3—旁通接柱；4—"30"端子；5—点火开关；6—吸引线圈；7—"50"端子；8—保持线圈；9—电刷

工作过程如下：

点火开关接至起动挡时，其电路一为：蓄电池正极→熔断器→点火开关→"50"端子→保持线圈→搭铁→蓄电池负极；电路二为：蓄电池正极→熔断器→点火开关→"50"端子→吸引线圈→主电路接线柱 C→励磁绕组→电枢绕组→搭铁→蓄电池负极。此时，吸引线圈与保持线圈中有电流流过且产生的磁场方向相同，在两线圈电磁吸力的作用下，活动铁芯克服回位弹簧的弹力而被吸入。拨叉将起动小齿轮推出使其与飞轮齿圈啮合。

齿轮啮合后，接触盘将"30"端子和"C"端子接通，蓄电池便向励磁绕组和电枢绕组直接供电，产生正常的转矩，带动起动机转动。其电路为：蓄电池正极→"30"端子→接触盘→"C"端子→励磁绕组→电枢绕组→搭铁→蓄电池负极。

接触盘与"30"端子和"C"端子紧密接触时，吸引线圈两端都与电源连接，因此吸引线圈被短路。但保持线圈没有被短路，依然有电流，齿轮的啮合位置由保持线圈的吸力来保持。

当发动机起动后，点火开关起动挡刚断开时，吸引线圈有电流，其电路为：蓄电池正极→"30"端子→接触盘→"C"端子→吸引线圈→保持线圈→搭铁→蓄电池负极。此时，吸引线圈的电流方向与保持线圈的电流方向相反，产生的电磁力方向也相反，所以铁芯在回位弹簧的作用下回位。接触盘与"30"端子和"C"端子断开，铁芯回位带动驱动小齿轮也回位，起动过程结束。

二、任务实施

引导问题 11：对起动机检修，需要使用的设备、工具和量具有哪些?

对起动机检修需要使用的设备、工具和量具有：卡罗拉轿车、维修手册、万用表、游标卡尺、百分表、蓄电池、导线、世达 56 件套、工作台、台钳、转向盘护套、变速杆手柄套、座位套、脚垫、翼子板和前格栅磁力护裙等。

引导问题 12：在对起动系统电路检修前，应做哪些准备工作？

（1）清洁工位，准备好相关的工、量具。

（2）打开车门，套上方向盘罩、脚垫、驾驶员座椅罩、变速杆罩及手制动杆罩。如图 4-21 所示。

（3）将汽车停驻在举升机中央位置，拉紧驻车制动器操纵杆，并将变速杆置于空挡位置，安装好车轮挡块，如图 4-22 所示。

图 4-21　套上室内五件套

图 4-22　汽车停驻在举升机中央位置

（4）在车内拉动发动机舱盖手柄，如图 4-23 所示。

（5）在车外打开并支撑发动机舱盖，并装好三件套，拆卸发动机后部右侧底罩、散热器上空气导流罩、2 号气缸盖罩，如图 4-24 所示。

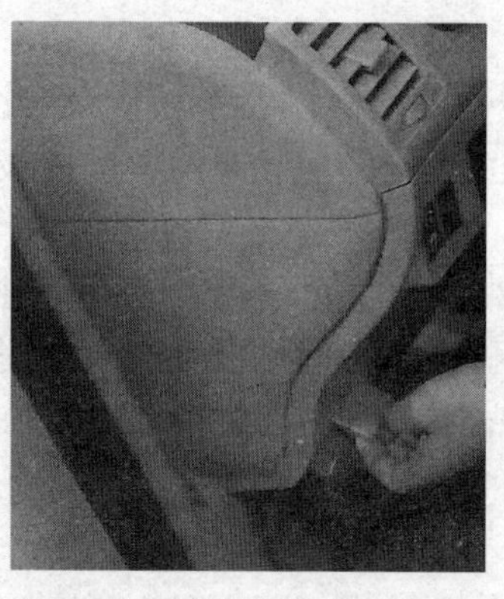

图 4-23　拉动发动机舱盖手柄

图 4-24　安装三件套

引导问题 13：如何从汽车上拆卸起动机？

（1）先从蓄电池负极端子断开电缆。

（2）拆卸起动机总成。

① 分离 2 个线束卡夹。

② 拆下螺栓和线束支架。

③ 拆下端子盖。

④ 拆下螺母并断开端子 30。

⑤ 断开连接器。

⑥ 拆下 2 个螺栓并拆下起动机总成，如图 4-25 所示。

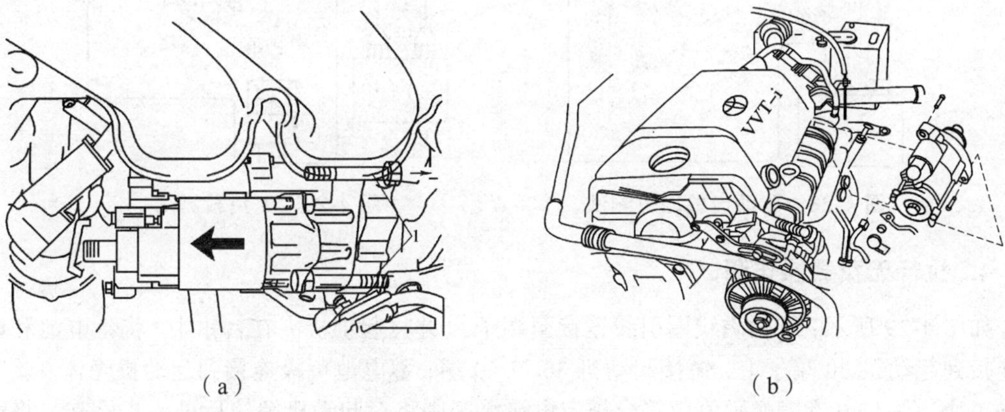

（a）　（b）

图 4-25　拆卸起动机总成

引导问题 14：如何检测起动机总成？

1. 进行吸引测试

如图 4-26 所示，从端子 C 断开励磁线圈引线，蓄电池正极接起动机 50 端子，用一个导线将端子 C 连接到起动机壳体，蓄电池负极连接到起动机壳体。回路连通后，驱动齿轮小齿轮应立即推出，检查并确认小齿轮向外移动。如果离合器小齿轮不移动，则更换磁力开关总成。

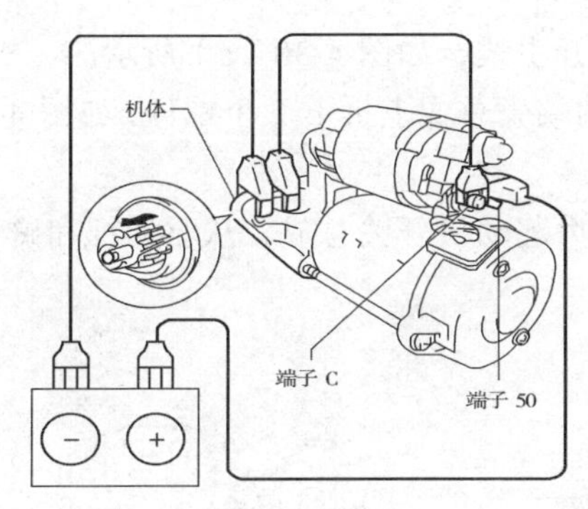

图 4-26　吸引测试

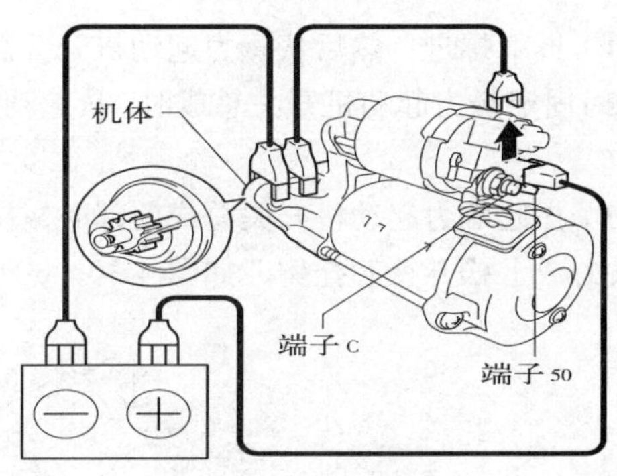

图 4-27　保持测试

2. 执行保持测试

如图 4-27 所示，在电缆从端子 C 断开后，驱动小齿轮应保持在原位置不动，不朝内回位。

3. 检查离合器小齿轮是否回位

如图 4-28 所示，断开蓄电池与起动机的负极连线，检查并确认小齿轮是否立即向内移动。

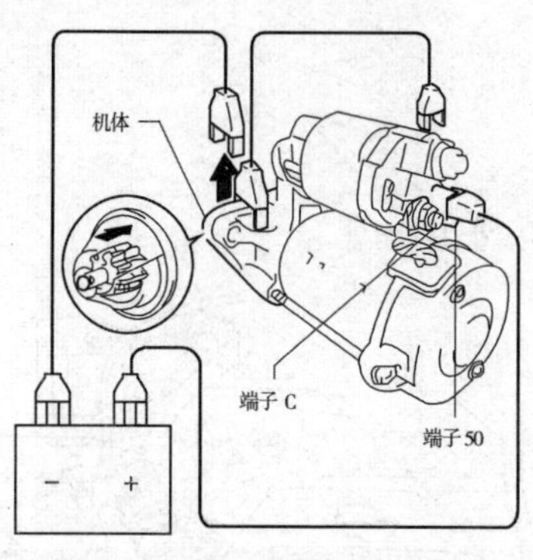

图 4-28　驱动齿轮回位测试

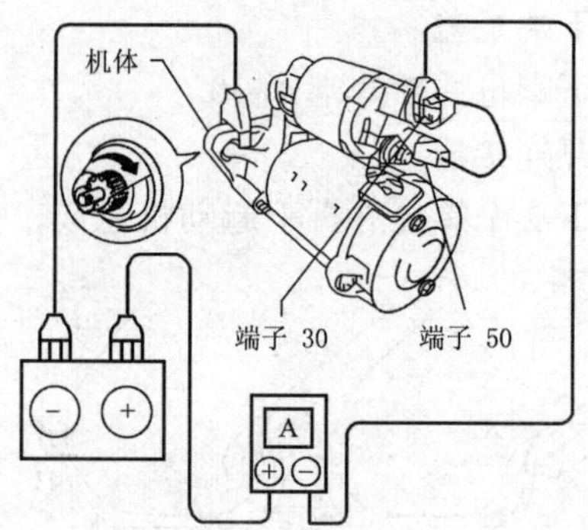

图 4-29　无负载测试

4. 执行无负载操作测试

如图 4-29 所示，将励磁线圈引线连接至端子 C 并将起动机夹在台钳中，将蓄电池和电流表连接到起动机 30 端子上，短接起动机 30 与 50 端，蓄电池负极连接到起动机壳体，此时起动机工作，并且电流表显示值应符合规定电流，否则将对起动机解体后进一步检查。将测量结果填入表 4-2 中。

表 4-2　测量电流

电流表连接	条件	规定状态	测量值	结果分析
蓄电池正极端子～端子 30	加载 11.5 V 电压	小于 90 A		

引导问题 15：如何拆解起动机？

1. 拆卸磁力起动机开关总成

（1）拆下螺母，然后从磁力起动机开关总成断开引线，如图 4-30（a）所示。

（2）固定磁力起动机开关总成时，从起动机驱动端壳总成上拆下 2 个螺母，如图 4-30（b）所示。

（3）提起磁力起动机开关总成前部时，拉出磁力起动机开关总成，从驱动杆和磁力起动机开关总成上松开铁芯挂钩，如图 4-30（c）所示。

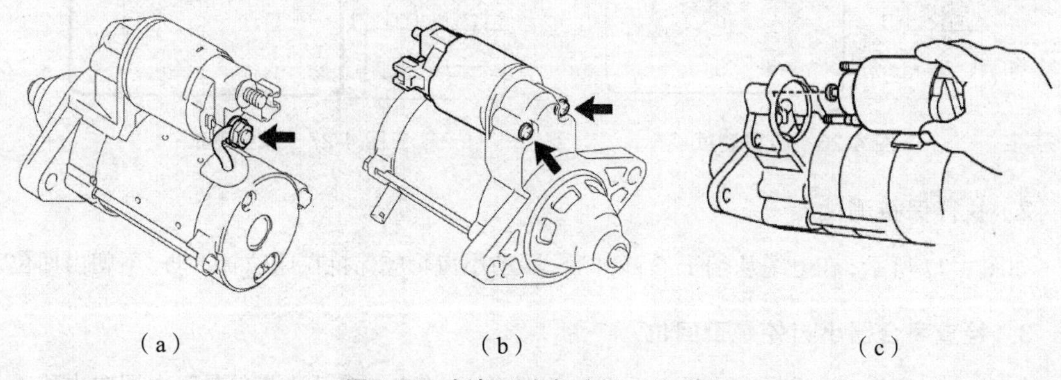

图 4-30　拆卸磁力起动机开关总成

2. 拆卸起动机磁轭总成

（1）拆下 2 个螺钉，如图 4-31（a）所示。
（2）将起动机磁轭和起动机换向器端架总成一起拉出，如图 4-31（b）所示。
（3）从起动机换向器端架总成上拉出起动机磁轭总成，如图 4-31（c）所示。

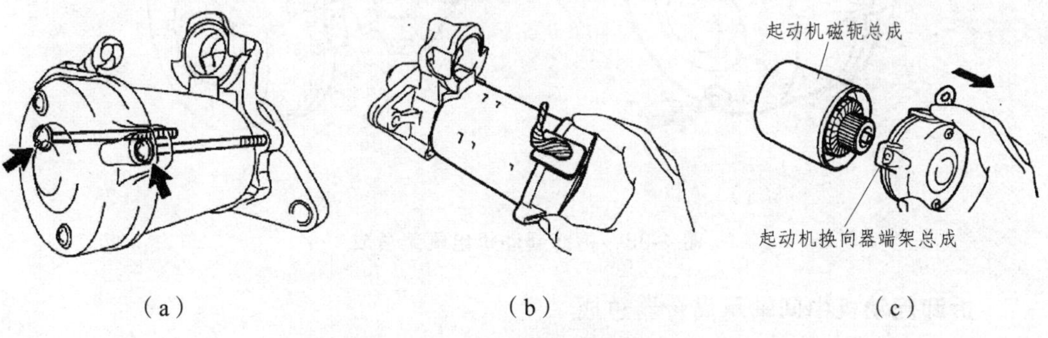

图 4-31　拆卸起动机磁轭总成

3. 拆卸起动机电枢总成

从起动机磁轭总成上拆下起动机电枢总成，如图 4-32 所示。

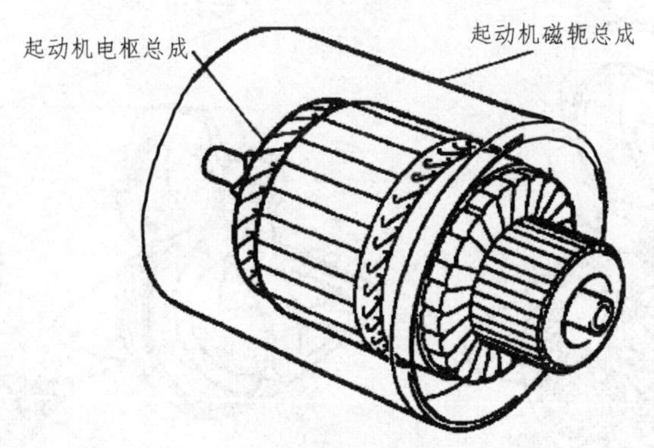

图 4-32　拆卸起动机电枢总成

4. 拆卸起动机电枢板

从起动机驱动端壳总成或起动机磁轭总成上拆下电枢板。

5. 拆卸起动机电刷架总成

（1）从起动机换向器端架总成上拆下 2 个螺钉，如图 4-33（a）所示。
（2）拆下卡夹卡爪，然后从起动机换向器端架总成上拆下电刷架总成，如图 4-33（b）所示。

6. 拆卸行星齿轮

从起动机中间轴承离合器总成上拆下 3 个行星齿轮，如图 4-34 所示。

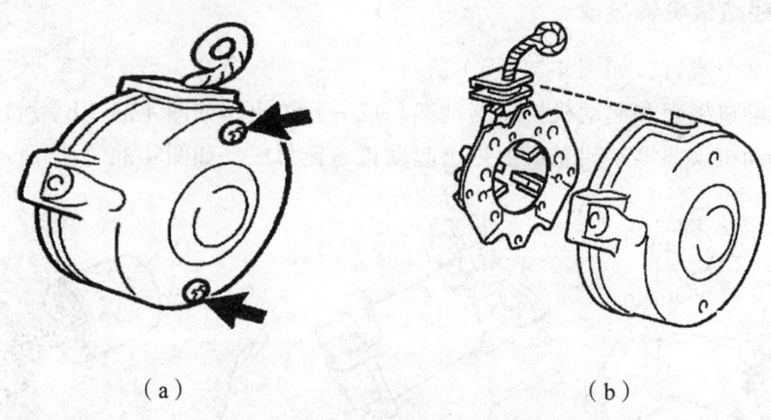

图 4-33　拆卸起动机电刷架总成

7. 拆卸起动机中间轴承离合器总成

（1）从起动机驱动端壳总成上拆下带起动机小齿轮驱动杆的起动机中间轴承离合器分总成，如图 4-35 所示。

（2）拆下起动机中间轴承离合器分总成、橡胶密封件和起动机小齿轮驱动杆。

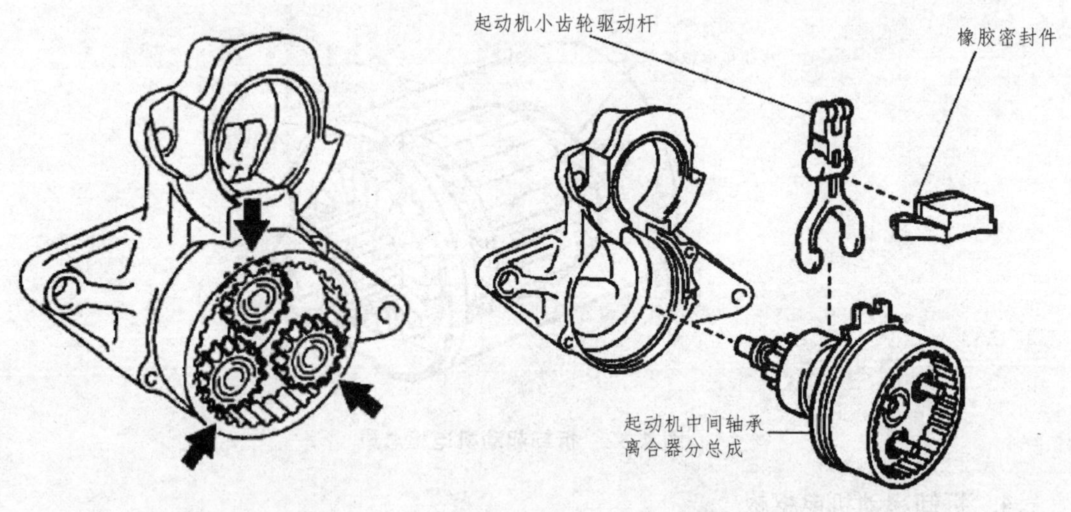

图 4-34　拆卸行星齿轮　　图 4-35　拆卸起动机中间轴承离合器总成

引导问题 16：起动机解体后如何检测?

1. 磁力起动机开关总成检测

（1）检查铁芯：推入铁芯，然后检查并确认其迅速回到初始位置，如图 4-36 所示。如有必要，更换磁力起动机开关总成。

（2）检测吸引线圈是否断路：用万用表测量端子 50 和端子 C 之间的电阻，如图 4-37 所示，测量后将结果填入表 4-3 中。如果不符合标准，更换磁力起动机开关总成。

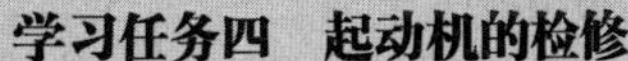

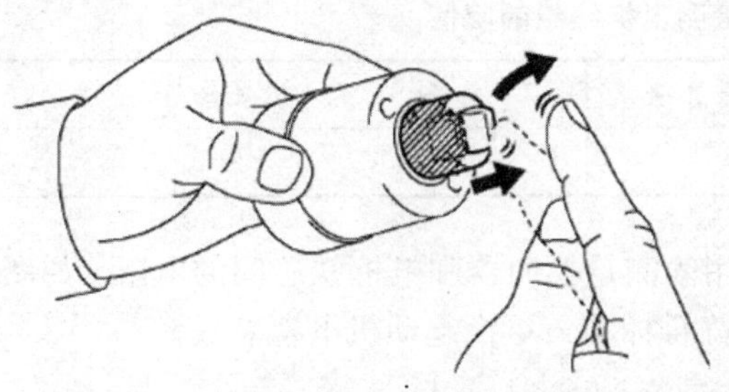

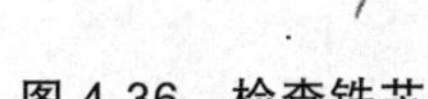

图 4-36　检查铁芯

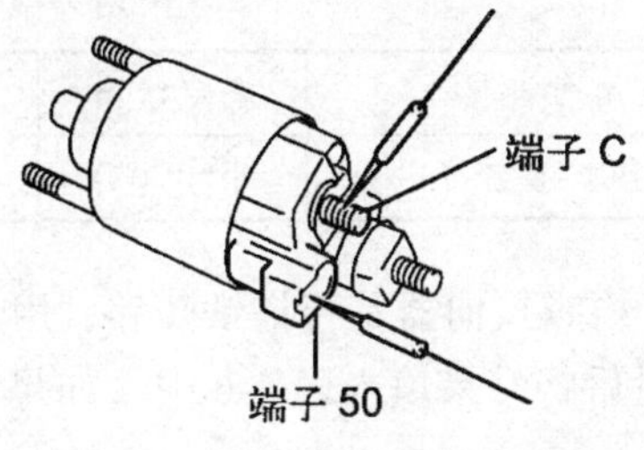

图 4-37　吸引线圈断路检查

表 4-3　检测吸引线圈的电阻

万用表连接	规定状态	测量值	结果分析
端子 50～端子 C	小于 1 Ω		

（3）检测保持线圈是否断路：用万用表测量端子 50 与开关壳体之间的电阻，如图 4-38 所示，测量后将结果填入表 4-4 中。如果不符合标准，更换磁力起动机开关总成。

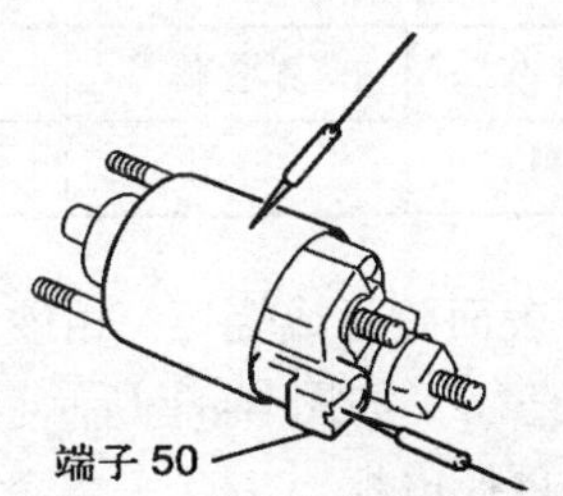

图 4-38　保持线圈断路检查

表 4-4　检测保持线圈的电阻

万用表连接	规定状态	测量值	结果分析
端子 50～壳体搭铁	小于 2 Ω		

2. 检测起动机电枢总成

（1）检查电枢绕组是否断路：用万用表测量换向器整流子片间的电阻，如图 4-39 所示，测量后将结果填入表 4-5 中。如果不符合标准，更换起动机电枢总成。

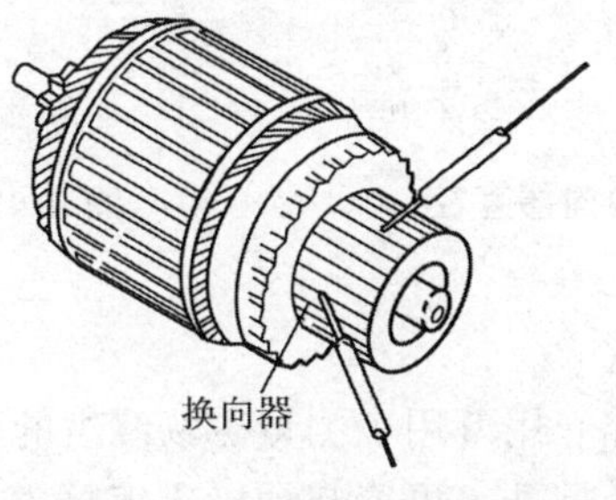

图 4-39　电枢绕组断路检查

表 4-5　检测电枢绕组的阻值

万用表连接	规定状态	测量值	结果分析
整流子片-整流子片	小于 1 Ω		

（2）检查换向器是否搭铁短路：用万用表测量换向器和电枢铁芯间的电阻，如图 4-40 所示。测量后将结果填入表 4-6 中。如果不符合标准，更换起动机电枢总成。

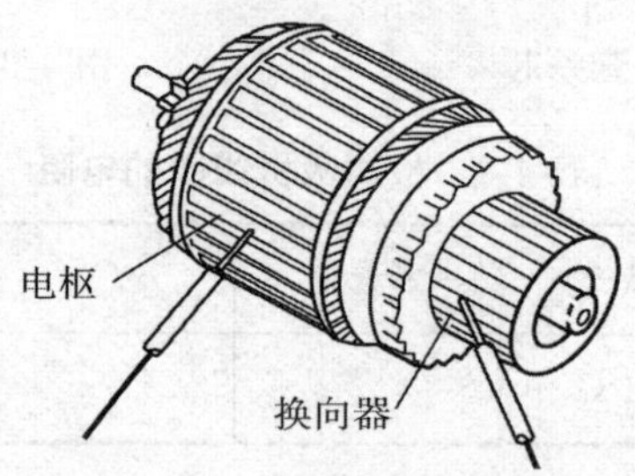

图 4-40　电枢绕组短路检测

表 4-6　电枢绕组短路检测

万用表连接	规定状态	测量值	结果分析
换向器～电枢铁芯	大于 10 kΩ		

（3）检查换向器的外观：如果表面脏污或烧坏，用砂纸（400 号）或在车床上整修表面。

（4）用游标卡尺测量换向器直径，如图 4-41 所示。标准直径为 29 mm，最小直径为 28 mm。如果直径小于最小值，则更换电枢。

（5）检查换向器径向圆跳动，如图 4-42 所示。将换向器放在 V 形块上，用百分表测量径向圆跳动。标准径向圆跳动：0.02 mm；最大径向圆跳动：0.05 mm。如果径向圆跳动大于最大值，则更换电枢总成。

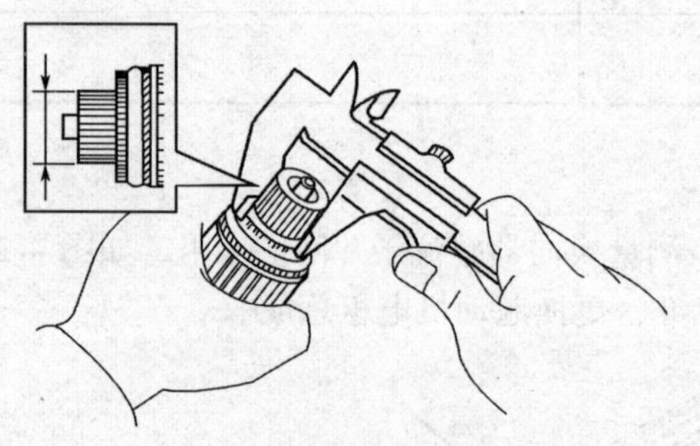

图 4-41　测量换向器直径

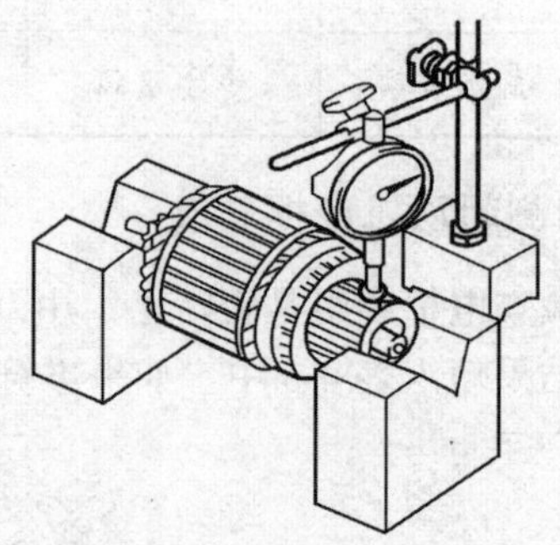

图 4-42　换向器径向跳动检查

3. 检测磁轭总成

（1）检查磁场绕组是否断路：用万用表测量磁场绕组的电阻，如图 4-43 所示，测量后将结果填入表 4-7 中。如果不符合标准，更换起动机磁轭总成。

表 4-7　检测磁场绕组的阻值

万用表连接	规定状态	测量值	结果分析
磁场接线柱～正极电刷	小于 1 Ω		

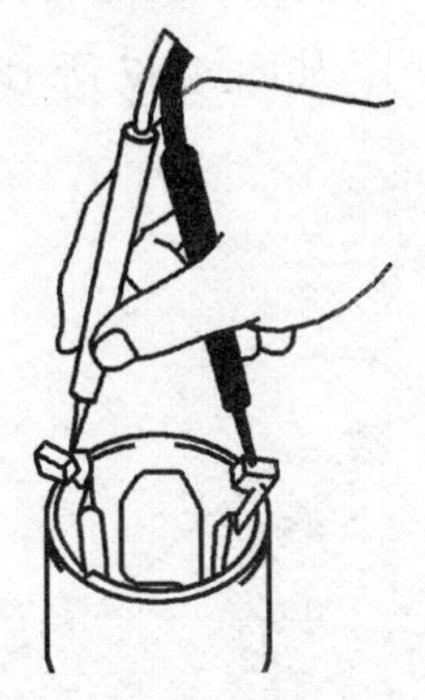

图 4-43　磁场绕组断路检测

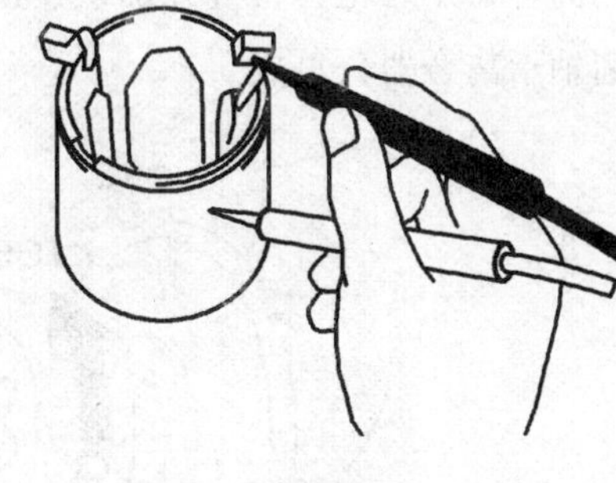

图 4-44　磁场绕组短路检测

（2）检查磁场绕组是否短路：用万用表测量磁场接线柱与壳体的电阻，如图 4-44 所示，测量后将结果填入表 4-8 中。如果不符合标准，更换起动机磁轭总成。

表 4-8　磁场绕组短路检测

万用表连接	规定状态	测量值	结果分析
磁场接线柱～壳体	大于 10 kΩ		

4．检查起动机电刷架总成

（1）拆下弹簧卡爪，然后拆下 4 个电刷。

（2）用游标卡尺测量电刷长度，如图 4-45 所示。标准长度为 14.4 mm，最小长度为 9.0 mm 如果长度小于最小值，更换起动机电刷总成。

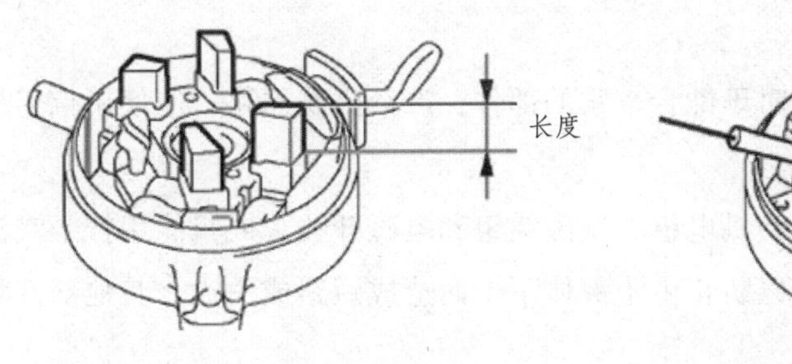

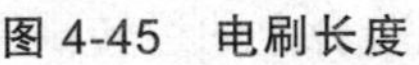
图 4-45　电刷长度

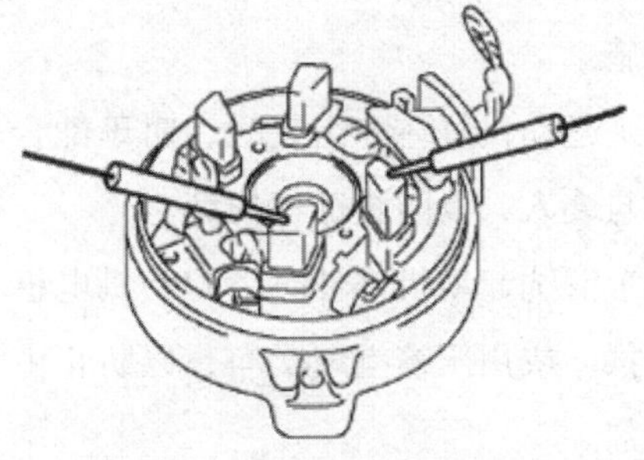

图 4-46　测量电刷间电阻

（3）检查电刷架：用万用表测量电刷间的电阻，如图 4-46 所示，两正极电刷架电阻应大于 10 kΩ，两负极电刷电阻应小于 1 Ω。若不符合则应更换起动机电刷架总成。

5. 检查起动机中间轴承离合器分总成

（1）检查行星齿轮、内齿轮的轮齿和起动机离合器是否磨损并损坏。如果损坏，更换齿轮或离合器总成，也要检查行星齿轮是否磨损或损坏。

（2）检查起动机离合器：顺时针转动离合器小齿轮，检查并确认其自由转动（Free）。尝试逆时针转动离合器小齿轮，检查并确认其锁止（Lock），如图 4-47 所示。如有必要，则更换起动机中间轴承离合器分总成。

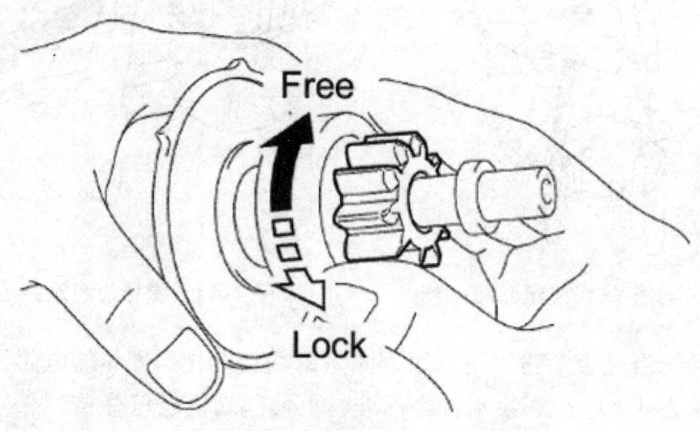

图 4-47　检查离合器

起动机各部件检测后，若均正常，则按与拆卸相反的步骤进行装复。

引导问题 17：拆卸起动机有哪些注意事项?

（1）从车上拆卸起动机前，应先关闭点火开关后，将蓄电池的搭铁线拆除，再拆除电磁开关上的蓄电池正极线。尤其是电脑控制发动机的车辆更要注意这一点。

（2）在安装起动机时，则应先连接电磁开关上的蓄电池正极线，再接上蓄电池的正极线、负极线。接蓄电池正、负极线之前要确保点火开关处在关闭状态，这是保护车上电子装置的必要措施。

（3）起动机解体和组装时，对于配合较紧的部件，严禁生砸硬敲，应使用拉、压工具进行分离与装入，以防止部件损坏。

（4）清洗起动机部件时，起动机电枢、激磁绕组和电磁开关总成只能用拧干汽油的棉纱进行擦拭，或用压缩空气吹净，以防止由于液体不干而造成短路或失火。其他部件均可用液体清洗剂。

（5）起动机组装后，先进行其测量调整后再进行试验台上的运转试验。做起动机运转试验时，要先进行空载试验，再进行全制动试验（24 V 起动机一般提倡先做 12 V 空载试验，再做 24 V 空载试验），以防止因意外故障引起过载而烧坏实验设备或起动机本身。

三、评价与反馈

1. 任务实施考核成绩评定（见表4-9）

表4-9　起动机拆装与检测考核表

考核项目及分值	考核内容	评分标准	评分记录
准备工作（10分）	清洁工量具及工作台	1. 未清洁工量具扣1分 2. 未清洁工作台扣1分	
起动机的解体（20分）	按正确顺序解体起动机	1. 步骤错误一次扣5分 2. 方法错误扣5～10分	
检测起动机各主要零件（40分）	1. 电磁开关检测 2. 电枢检测 3. 磁轭检测 4. 传动机构检测	1. 检测方法不正确扣5～10分 2. 漏检一项扣5～10分 3. 不能正确分析检测结果扣5～10分	
起动机的装复（20分）	按正确顺序装复起动机	1. 步骤错误一次扣5分 2. 方法错误扣5～10分	
收尾工作（10分）	1. 清洁工具、量具、工作台 2. 工量具应摆放整齐	1. 未清洁扣1～3分 2. 未摆放整齐扣1分	
考核时限（10分）	完成全部考核内容规定用时为20 min	1. 超时每分钟扣5分 2. 超时5 min即停止记分	

2. 任务过程评价与反馈（见表4-10和表4-11）

表4-10　任务过程评价表（教师填写）

考核项目	评分标准	分数	成绩	过程评价
劳动纪律	有无迟到、早退和旷工	5		
团队合作	是否和谐	5		
活动参与	是否精彩	5		
安全生产	有无安全隐患	10		
操作过程	是否正确、熟练	30		
任务质量	是否圆满完成	10		
工具、设备使用	是否规范、标准	10		
工作页填写	是否完整、规范	15		
现场5S	是否做到	10		
总　分		100		

注：没有按照操作流程操作，出现人身伤害或设备严重事故，本任务考核结果为0分。

表 4-11　任务过程反馈表（学生填写）

反馈内容	回答
你是否完成本学习任务，并得到老师的确认？	
你是否能准确有效地收集、分析和组织完成资料，正确地交流信息？	
你是否已经掌握预期的知识和必备的技能？	
你是否充分使用学习资源和按计划有组织地达成目标？	
操作完成水平： 上述表格中的项目应为肯定回答。若不是，应咨询老师。你可以要求附加相关活动，以便完成相关的操作技能。 教师签字：________ 学生签字：________ 完成日期：________	

四、学习拓展

1. 查阅资料，了解减速型起动机检修方法与普通起动机检修方法的不同之处？

学习任务五　起动系统电路检修

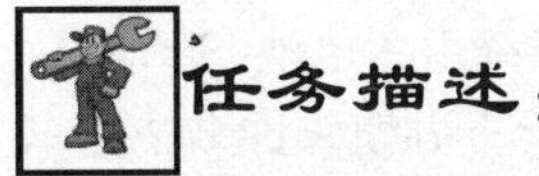

任务描述：

一辆 2007 款卡罗拉 GL，行驶里程 4 万 km，将点火开关打到起动挡，发动机不能起动，起动机不转。请对起动系统进行检查，如有必要进行修理或更换。

学习目标：

通过本学习任务的学习，应当能：

（1）分析起动系统控制电路的工作过程；

（2）连接起动系统的电路；

（3）知道起动系统常见的故障及故障原因；

（4）正确诊断、排除起动系统电路的故障。

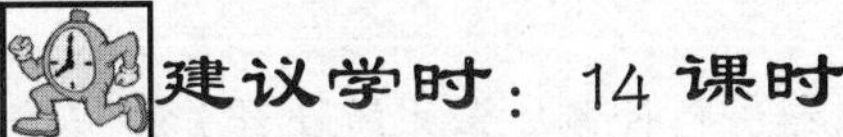

建议学时：14 课时

学习内容：

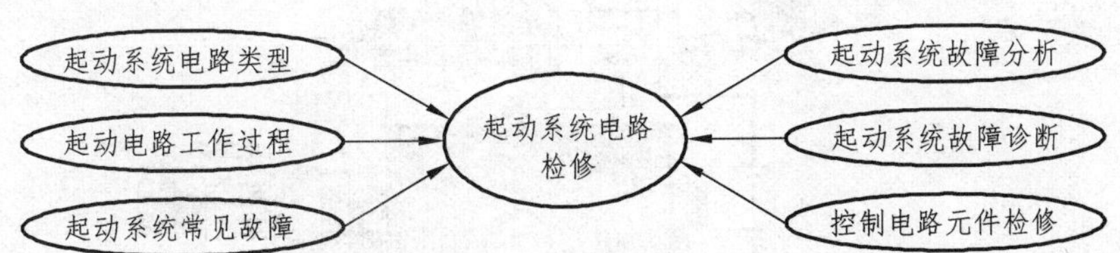

一、任务准备

引导问题 1：起动系统电路有哪些类型，各自的特点是什么？

采用电磁操纵起动机的汽车起动系统，按其控制电路的不同分为开关直接控制、起动继电器控制、复合继电器控制和空挡起动开关或离合器起动开关控制四种形式。

1. 开关直接控制

开关直接控制是指起动机由点火开关或起动按钮直接控制，起动系统由蓄电池、起动机、起动开关、连接导线组成，如图 5-1 所示。其主要特点是线路简单、检查方便。许多柴油车和部分起动机功率较小的汽油车如桑塔纳轿车、奥迪 100 型轿车等都采用这种起动系统。

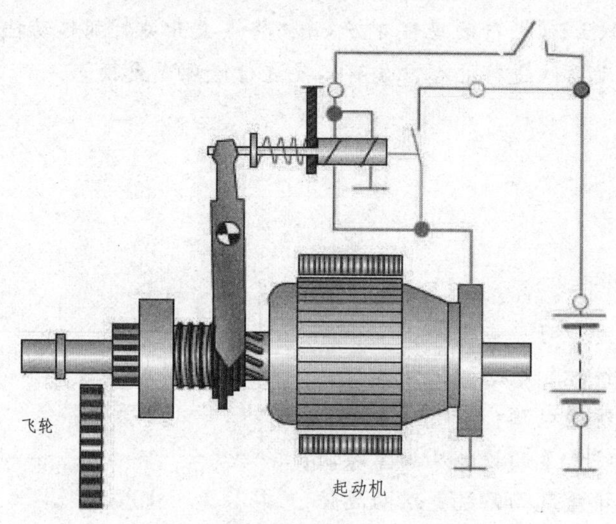

图 5-1　开关直接控制的起动电路

2. 起动继电器控制

起动继电器控制是指起动机由点火开关通过起动继电器进行控制，该系统比开关直接控制增加了起动继电器，如图 5-2 所示。其主要特点是起动继电器触点控制起动机电磁开关的

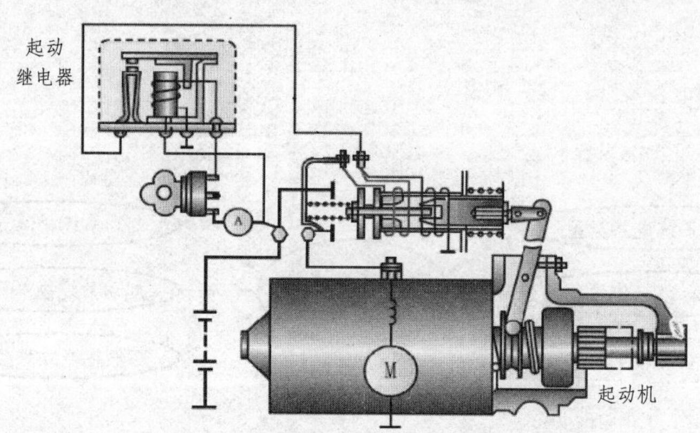

图 5-2　带起动继电器的起动控制电路

通断，减小了起动时点火开关的电流，有利于延长点火开关的使用寿命，因此应用最广泛。因为直接用点火开关控制电磁开关线圈时，由于电磁开关线圈的电流很大（一般为 35 ~ 50 A），容易使点火开关损坏。随着点火开关控制的电路增多，这种起动系统应用更加广泛。

3. 复合继电器控制

复合继电器控制实质是一种具有起动保护功能的起动继电器控制形式。复合继电器由起动继电器和保护继电器两部分组成，保护继电器有一对受交流发电机中性点电压控制的常闭触点，该触点串联在起动继电器线圈的电路中。当交流发电机中性点电压高于一定值时，保护继电器触点打开，切断起动继电器线圈电路，保护起动机。如图 5-3 所示。

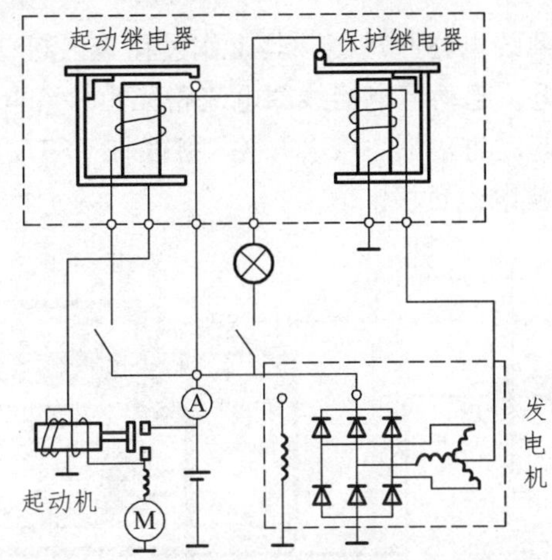

图 5-3　带复合继电器的起动控制电路

4. 带空挡起动开关或离合器起动开关的起动机控制电路

图 5-4 所示为带空挡起动开关或离合器起动开关控制的起动机控制电路。装有自动变速

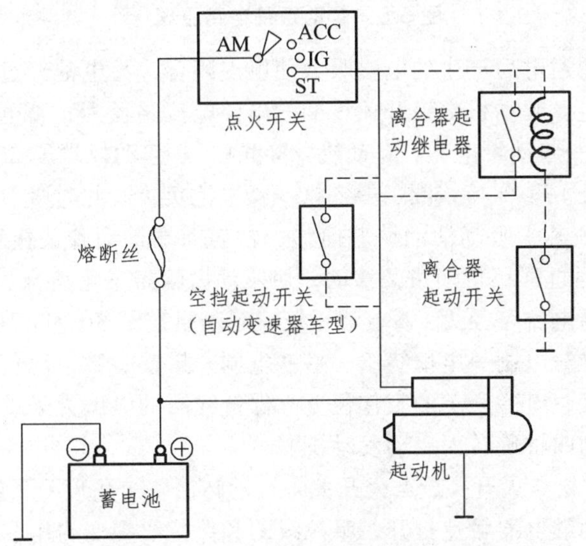

图 5-4　带空挡起动开关或离合器起动开关的起动机控制电路

器的汽车需安装空挡起动开关（又称为抑制开关），防止变速器不在空挡或发动机运转中，起动系统突然产生作用而发生危险或损坏齿轮的安全装置。空挡起动开关串接在起动继电器控制电路中，使起动电路必须选择在空挡 N 或驻车挡 P 时才能作用。

有些装用手动变速器的汽车，装用离合器起动开关，起到起动安全保护的作用。起动时只有踩下离合器踏板，使离合器开关接合，起动机才能起动，以防止变速器不在空挡时起动发动机发生危险。离合器起动开关串接在起动继电器控制电路中，只有当离合器起动开关接通时，离合器起动继电器线圈通电触点闭合，才能使起动线路接通。

引导问题 2：如何分析起动系统的工作原理？

图 5-5 所示为汽车起动系统电路原理图，其工作过程为：起动时，将点火开关置于起动位置，起动继电器的线圈通电。起动继电器线圈电流路径为：蓄电池正极→点火开关“STA”挡→保险→空挡起动开关→起动继电器“点火开关”接线柱（STA）→线圈→起动继电器“搭铁”接线柱（E1）→搭铁→蓄电池负极。

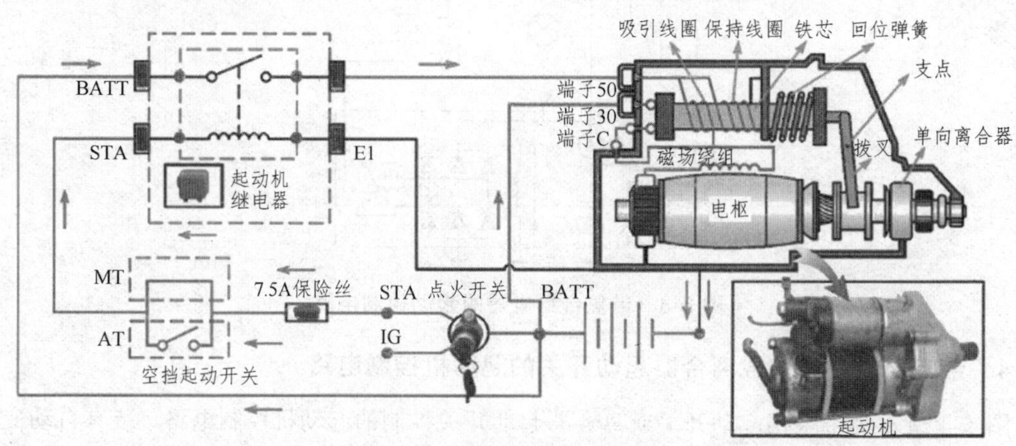

图 5-5 起动系统电路原理

起动继电器的线圈通电后产生的电磁吸力使触点闭合，蓄电池经过起动继电器触点为起动机电磁开关线圈供电。起动机电磁开关线圈的电路电流路径为：蓄电池正极→起动继电器“电池”接线柱→触点→起动继电器“起动机”接线柱→ 起动机端子 50→（吸拉线圈→起动机端子 C→直流电动机）/（保持线圈）→搭铁→蓄电池负极。此时吸引线圈和保持线圈产生同方向的磁场，磁化铁芯，吸动活动铁芯前移，铁芯前端带动开关接触片使起动机端子 30 和端子 C 接通，后端通过耳环带动拨叉移动，使驱动齿轮与飞轮啮合。

起动机主电路接通电流路径为：蓄电池正极→起动机端子 30→起动开关接触片→起动机端子 C→磁场绕组→绝缘电刷→电枢绕组→搭铁电刷→搭铁→蓄电池负极。起动机主电路接通后，吸拉线圈被短接，电磁开关的工作位置靠保持线圈的电磁力来维持，同时电枢轴产生足够的电磁力矩，带动曲轴旋转而启动发动机。

发动机起动后，放松点火开关，点火开关将自动转回一个角度（至点火位置），切断起动继电器线圈电流，起动继电器触点打开，吸拉线圈和保持线圈变为串联关系，产生的电磁力相互削弱。在回位弹簧的作用下，活动铁芯右移复位，起动机主电路切断；与此同时，拨叉带动单向离合器向左移动，使驱动齿轮与飞轮齿圈分离，起动过程结束。

引导问题 3：微机控制起动系统的工作原理是怎样的？

随着电子控制技术在汽车上应用越来越广，在一些高级轿车上安装了微机控制防盗报警系统，起动机的运行受微机控制，如图 5-6 所示。下面以丰田公司生产的凌志 LS400 轿车为例，对微机控制起动系统的工作原理作简要介绍。

凌志 LS400 轿车微机控制起动系统的控制电路原理如下图所示：

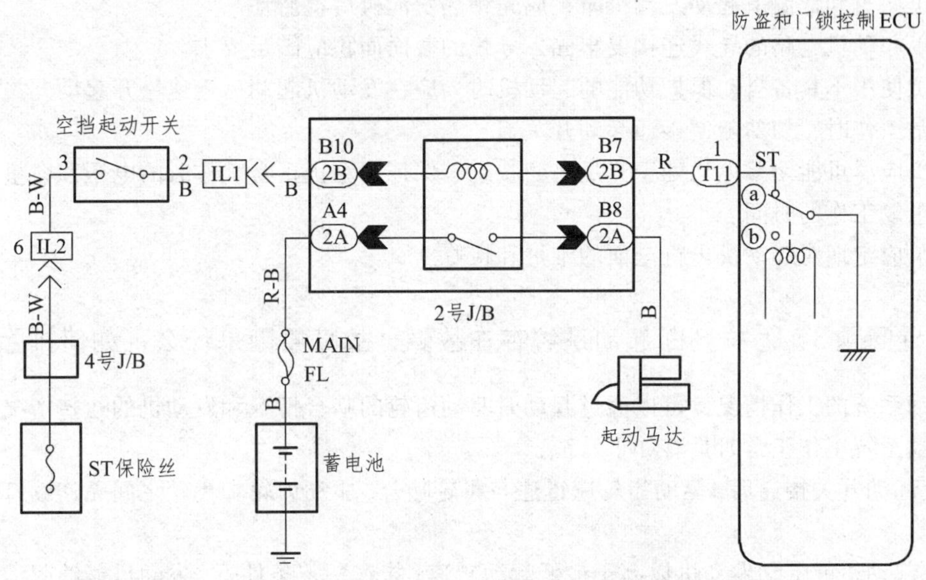

图 5-6　凌志 LS400 轿车微机控制起动系统

当点火开关钥匙没有插入或没有处于工作位置时，防盗系统工作，防盗和门锁控制 ECU（电子控制单元）使“ST”端子为高电位 12 V，即使点火开关置于起动位置，并且空挡起动开关接通，也因起动继电器线圈两端电位相等，起动继电器触点不能闭合，使起动机不工作。

当点火开关钥匙插入并处于工作位置时，全部防盗功能解除，防盗和门锁控制 ECU 使“ST”端子为低电位 0 V。如果点火开关置于起动位置、变速器处于空挡位置，则起动继电器线圈电路接通，使起动继电器触点闭合、起动机工作。

发动机起动后，点火开关自起动位置退回，起动继电器线圈电路切断、触点断开，起动机停止工作。

防盗和门锁控制 ECU 也可以根据发电机的工作情况或发动机的转速对“ST”端子的电位进行控制，实现起动机的安全保护。如果防盗和门锁控制 ECU 是根据发电机的工作情况对“ST”端子的电位进行控制的，则当发电机工作正常后，发电机的输出电压或中性点输出电压超过规定值，防盗和门锁控制 ECU 将使“ST”端子为高电位 12 V；如果防盗和门锁控制 ECU 是根据发动机的转速对“ST”端子的电位进行控制的，则当发动机的转速达到怠速转速后，防盗和门锁控制 ECU 将使“ST”端子为高电位 12 V；即使点火开关置于起动位置，并且空挡起动开关接通，起动机也不工作，从而实现了起动机的安全保护。

引导问题 4：如何正确使用和维护起动系统？

正确使用与维护起动系统，是为了延长起动机的使用寿命，并保证起动机能迅速、可靠、安全地工作。起动机的正确使用和维护要求如下：

（1）起动机是按短时间大电流工作设计的，其输出功率也是最大功率。因此，起动机每次起动时间不应超过 5 s，再次起动时应间歇 15 s，使蓄电池得以恢复。如果连续第三次起动，应在检查与排除故障的基础上停歇 15 min 后再使用，否则会严重影响蓄电池和起动机的使用寿命。

（2）冬季和低温下起动发动机时，应先预热发动机后再启动。

（3）起动机电路的导线连接要牢固，导线的截面面积应满足要求。

（4）使用不具备自动保护功能的起动机时，应在发动机起动后迅速松开起动开关。在发动机正常工作时，切勿随便接通起动开关。

（5）应尽可能使蓄电池处于充足电的状态，保证起动机正常工作时的电压和容量，减少起动机重复工作的时间。

（6）应定期对起动机进行全面的维护和检修。

引导问题 5：怎样判断起动系统存在故障，故障原因是什么，如何排除？

起动系统的工作情况，可以通过起动时驱动齿轮的啮合情况和发动机的运转情况进行检查。起动系统工作正常时具有如下特征：

① 起动开关接通后，驱动齿轮应迅速与飞轮啮合，驱动齿轮和飞轮之间无连续打齿或撞击现象。

② 起动机能带动发动机以高于最低起动转速（指在一定条件下，发动机能够起动的最低曲轴转速，汽油机一般为 50 ~ 70 r/min，柴油机一般为 100 ~ 150 r/min）的转速持续运转一定时间，便于可燃混合气形成和点燃。

③ 起动开关断开或发动机起动后，起动系统能迅速停止工作。

如果起动系统工作情况与上述特征不完全相符，表明起动系统有故障。起动系统常见故障有起动机不转动、起动机转动无力、起动机空转、起动机驱动齿轮与飞轮有打齿（或撞击）等。

1. 起动机不转

1）故障现象

点火开关旋至起动挡时，起动机不转。

2）故障原因

① 电源部分的故障：蓄电池亏电或内部损坏，电瓶导线与电瓶接线柱接触不良，电瓶火线与起动机接线柱连接松动，电瓶搭铁线接触不良或连接松动，电瓶导线断路等。

② 控制线路部分的故障：点火开关或起动继电器（或复合继电器）故障，蓄电池“火线接线柱”→点火开关→起动继电器→电磁开关“起动机端子 50”的导线断路、短路、搭铁。

③ 起动机故障：电磁开关触点烧蚀引起接触不良，电磁开关线圈断路、短路、搭铁，电枢轴弯曲或轴承过紧，换向器脏污或烧坏，电刷磨损过短、弹簧过软、电刷在刷架内卡住与换向器不能接触，电枢绕组或励磁绕组断路、短路、搭铁。

3）故障诊断

① 检查蓄电池存电是否充足和电源线路有无故障。用电池高率放电计等检查蓄电池技术状况，检查电源导线接触情况，也可用开大灯或按喇叭、查看灯光亮度和声音强度的方法，来检查电源线路是否有故障。

② 判断故障在起动机还是在控制线路。短接与蓄电池连接的起动机端子 30 和端子 50，判断起动机是否正常。短接后：其一，起动机运转，说明起动机良好，故障在控制线路。可用短接的方法，检查出起动开关、继电器和导线是否正常，也可通过检查导线的电压情况确定故障部位。其二，起动机不转，说明故障在起动机。然后短接起动机端子 30 和端子 C，若起动机运转正常，则电磁开关有故障；仍不转，则说明起动机的直流电动机部分有故障。

2. 起动机转动无力

1）故障现象

接通起动开关，起动机转动缓慢或不能连续运转。

2）故障原因

① 电源部分的故障：蓄电池存电不足，电源导线接头松动、脏污，接触不良。

② 起动机部分的故障：电磁开关触点、接触盘烧蚀接触不良，电磁开关线圈局部短路；换向器表面烧蚀、脏污；电刷磨损过多，弹簧过软，使电刷与换向器接触不良；电枢绕组或磁场绕组局部短路，使起动机功率下降；电枢轴弯曲、轴承间隙过大，导致转子与定子碰擦；起动机轴承过紧，转动阻力过大。

3）故障诊断

① 检查蓄电池存电是否充足；检查蓄电池极柱、火线和搭铁线接头等处是否接触良好。

② 如果蓄电池和电源导线线路良好，则说明故障在起动机部分。拆检起动机，排除故障。

3. 起动机空转

1）故障现象

接通点火开关起动挡，起动机只是高速空转，不能带动发动机运转。

2）故障原因

单向离合器打滑或损坏；拨叉变形或拨叉连动机构松脱；起动机驱动齿轮与飞轮齿圈之间的行程调整不当，或驱动齿轮不能自由活动；电磁开关铁芯行程太短；起动机驱动齿轮或发动机齿圈严重磨损或打坏。

3）故障诊断

① 起动机空转时转速很高，虽然驱动齿轮已与齿圈啮合，但不能带动飞轮旋转，可听到“嗡嗡”的高速旋转声，无碰齿声音，一般为单向离合器打滑或损坏。

② 起动机空转，如有严重的碰擦轮齿的声音，说明飞轮轮齿或起动机驱动齿轮严重磨损，应拆下起动机进一步检查，根据实际情况更换驱动齿轮或飞轮齿圈。

③ 起动机空转，如有较轻的摩擦声音，即驱动齿轮没有和飞轮齿圈啮合，电磁开关就提前接通，说明铁芯行程太短，应拆下起动机，进行起动机接通时刻的调整。

④ 若起动时伴有撞击声，应检查拨叉连动机构是否松脱，起动机固定螺栓是否松动。

二、任务实施

引导问题 6：对起动系统电路检修，需要使用的主要工量具有哪些？

对起动系统电路检修需要使用的主要工、量具有：卡罗拉轿车、发动机实训台架、维修手册、万用表、扭力扳手、螺丝刀、梅花套筒（T30）、SST（09953-05020）、润滑脂、转向盘护套、变速杆手柄套、座位套、脚垫、翼子板和前格栅磁力护裙等。

引导问题 7：怎样分析卡罗拉汽车起动系统控制电路的工作过程？

查阅维修手册，参照图 5-7 所示的卡罗拉汽车起动系统控制电路图，写出控制电路和工作电路的工作过程。

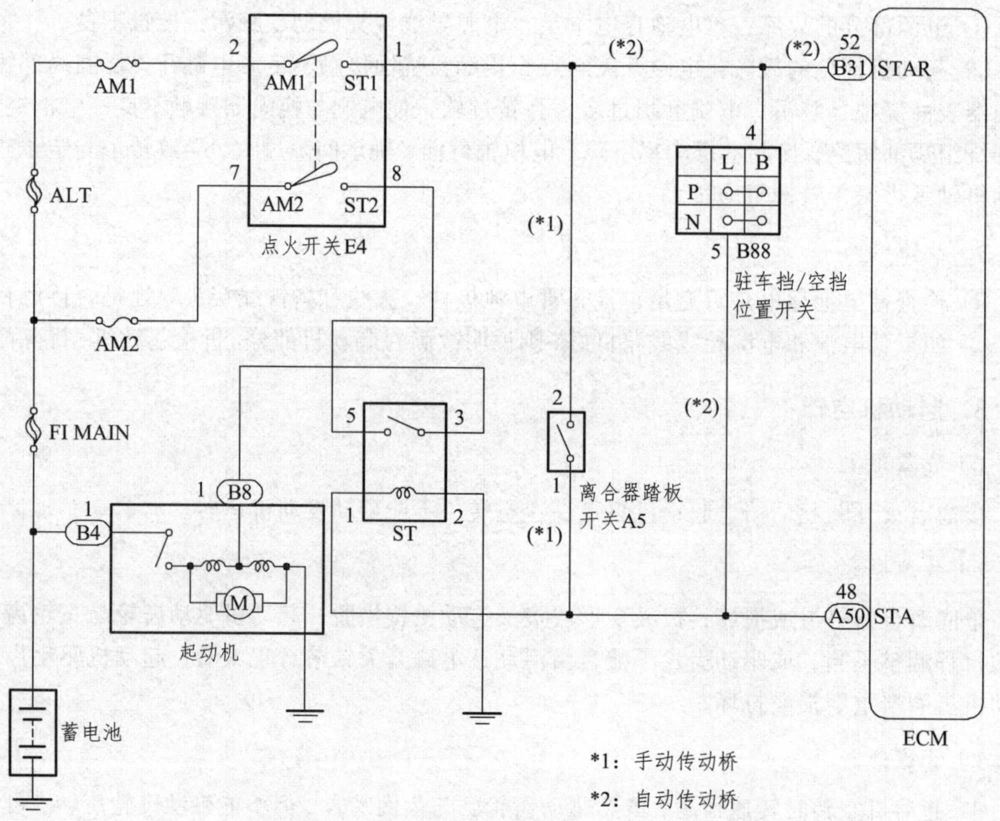

图 5-7 卡罗拉汽车起动系统控制电路

1. 控制电路：____

____

____

2. 工作电路：____

____

____

引导问题 8：在对起动系统电路检修前，应做哪些准备工作？

（1）清洁工位，准备好相关的工量具。

（2）打开车门，套上方向盘罩、脚垫、驾驶员座椅罩、变速杆罩及手制动杆罩，如图 5-8 所示。

（3）将汽车停驻在举升机中央位置，拉紧驻车制动器操纵杆，并将变速杆置于空挡位置，安装好车轮挡块，如图 5-9 所示。

图 5-8　套上室内五件套

图 5-9　汽车停驻在举升机中央位置

（4）在车内拉动发动机舱盖手柄，如图 5-10 所示。

（5）在车外打开并支撑发动机舱盖，安装好三件套，拆卸发动机后部右侧底罩、散热器上空气导流罩、2 号气缸盖罩，如图 5-11 所示。

图 5-10　拉动发动机舱盖手柄

图 5-11　安装三件套

引导问题 9：如何对电源部分的故障进行检修？

（1）检查蓄电池各极柱导线接头的固定情况，应无松动锈蚀。

（2）检查起动电缆和搭铁电缆连接情况，应无断裂和接触不良的情况。

（3）将点火开关打到起动挡，检测蓄电池端电压、起动电缆和搭铁线的电压降，应符合规定。将检测结果填入表 5-1 中。

表 5-1 蓄电池电压、起动电缆和搭铁电缆的电压降检测

项　目	标准值	测量值	结果分析
蓄电池电压	大于 9.6 V		
起动电缆电压降	小于 0.2 V		
搭铁线电压降	小于 0.2 V		

测量蓄电池电压降的方法是：使用万用表的直流电压挡，红表笔与起动电缆的起动机端子 30 相接触，黑表笔与起动电缆的蓄电池正极接线柱相连，起动发动机，表上的读数就是该起动电缆的电压降，其值应不超过 0.2 V。如果超过 0.2 V，说明起动电缆的电阻过大，有断股和接触不良的情况，应当更换。

小提示：因为起动时电流非常大，为避免蓄电池电量消耗过大，所以在测量各电压时，不应将钥匙长时间置于起动位置，否则，会造成有关电缆烧熔，甚至引发火灾事故。

引导问题 10：如何判断故障在起动机还是控制电路？

如图 5-12（a）所示，用螺丝刀短接与蓄电池连接的起动机端子 30 和端子 50，看起动机是否正常工作。短接后：若起动机运转，说明起动机良好，故障在控制线路。若起动机不转，说明故障在起动机。然后短接起动机端子 30 和端子 C，若起动机运转正常，则电磁开关有故障；若仍不转，则说明起动机的直流电动机部分有故障。

（a）

（b）

图 5-12 用螺丝刀短接起动机的接线端

也可通过检测起动机 50 端子的电压来判断起动机不转时，故障是在起动机还是控制电路。将点火开关打到起动挡，用万用表测量端子 50 的电压，应符合规定。将检查结果填写在表 5-2 中。

表 5-2　起动机 50 端子电压

项　目	标准值	测量值	结果分析
端子 50 电压	9 ~ 14 V		

如果测量 50 端子电压为 0 或小于 9 V，则应参照电路图逐个检查熔断器、点火开关、驻车挡/空挡位置开关（离合器踏板开关）、起动机继电器等零件，并根据故障情况修理或更换损坏的零件。

引导问题 11：如何对起动系统控制电路的元件进行检修?

1. ST 继电器检修

从 5 号继电器盒上拆下 ST 继电器，根据图 5-13 所示继电器的结构，用万用表检测继电器的线圈和触点的阻值，应符合规定。将检测结果填入表 5-3 中。

表 5-3　ST 继电器的检测

万用表连接	条　件	标准值	测量值	结果分析
1 ~ 2	始　终	65 ~ 85 Ω		
3 ~ 5	始　终	大于 10 kΩ		
3 ~ 5	在 1 ~ 2 之间施加蓄电池电压	小于 1 Ω		

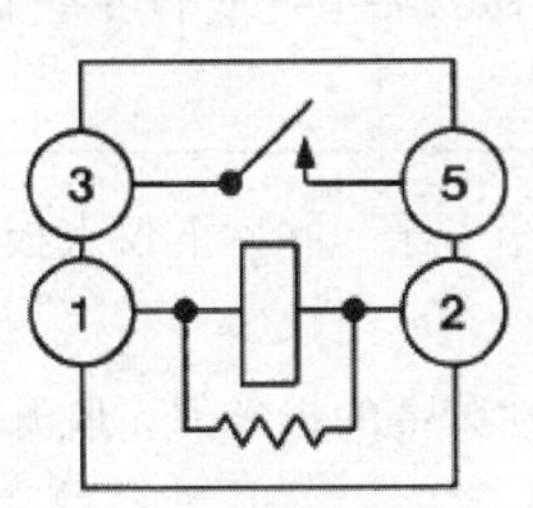

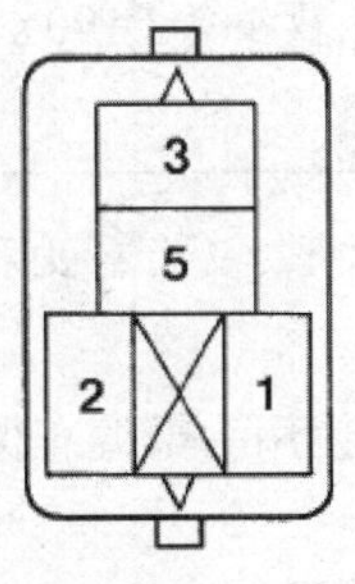

图 5-13　ST 继电器结构

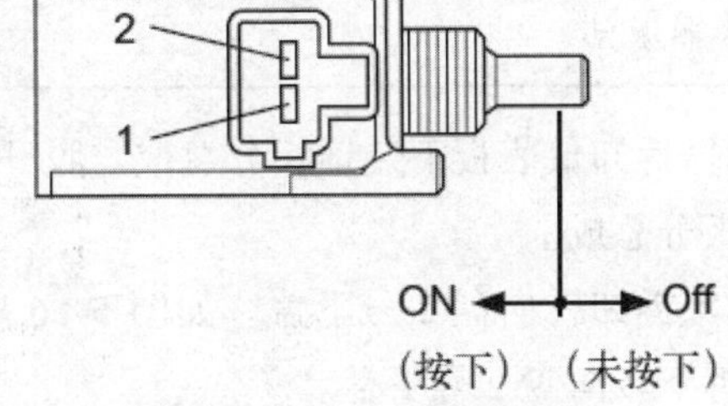

图 5-14　离合器踏板开关

2. 离合器踏板开关检测

断开离合器踏板开关总成连接器，如图 5-14 所示。用万用表检测在开关按下和未按下时端子 1 和 2 之间的阻值，应符合规定。将检测结果写入表 5-4 中。

表 5-4 离合器踏板开关的检测

万用表连接	开关状态	标准值	测量值	结果分析
1 ~ 2	开关销未按下	大于 10 kΩ		
	开关销按下	小于 1 Ω		

3. 点火开关的检测

1）点火开关的拆卸

① 使前轮对准正前位置，断开蓄电池负极端子的电缆，拆卸 1 号仪表板底罩分总成。如图 5-15（a）所示，拆下 2 个螺钉。如图 5-15（b）所示，脱开卡爪，脱开导销，拆下仪表板 1 号底罩分总成。

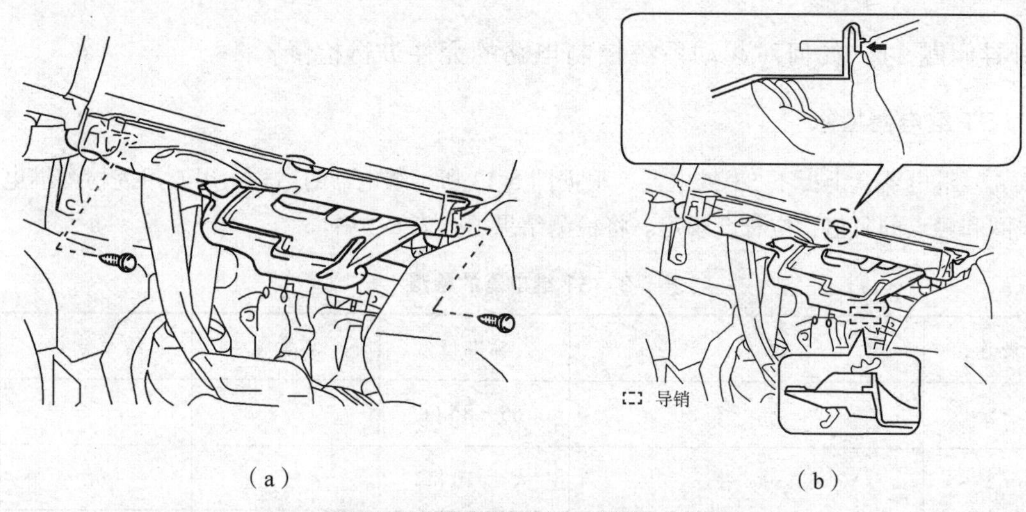

图 5-15 拆卸仪表板 1 号底罩分总成

> **小提示**：从蓄电池负极上断开电缆后，至少要等待 90 s，以防止安全气囊和安全带预紧器激活。

② 拆卸仪表板下装饰板分总成。脱开 5 个卡爪、2 个导销和 2 个卡子，并拆下仪表板下装饰板分总成。

③ 拆卸转向盘 2 号下盖。如图 5-16 所示，使用头部缠有保护性胶带的螺丝刀，脱开卡爪并拆下转向盘 2 号下盖。

④ 拆卸转向盘 3 号下盖。如图 5-17 所示，使用头部缠有保护性胶带的螺丝刀，脱开卡爪并拆下转向盘 3 号下盖。

⑤ 拆卸转向盘装饰盖。如图 5-18 所示，使用梅花套筒（T30），松开 2 个 "TORX" 梅花螺钉，直至螺钉边沿的凹槽与螺钉座齐平。从转向盘总成中拉出转向盘装饰盖，并且用一只手支撑转向盘装饰盖，不要拉动气囊线束。

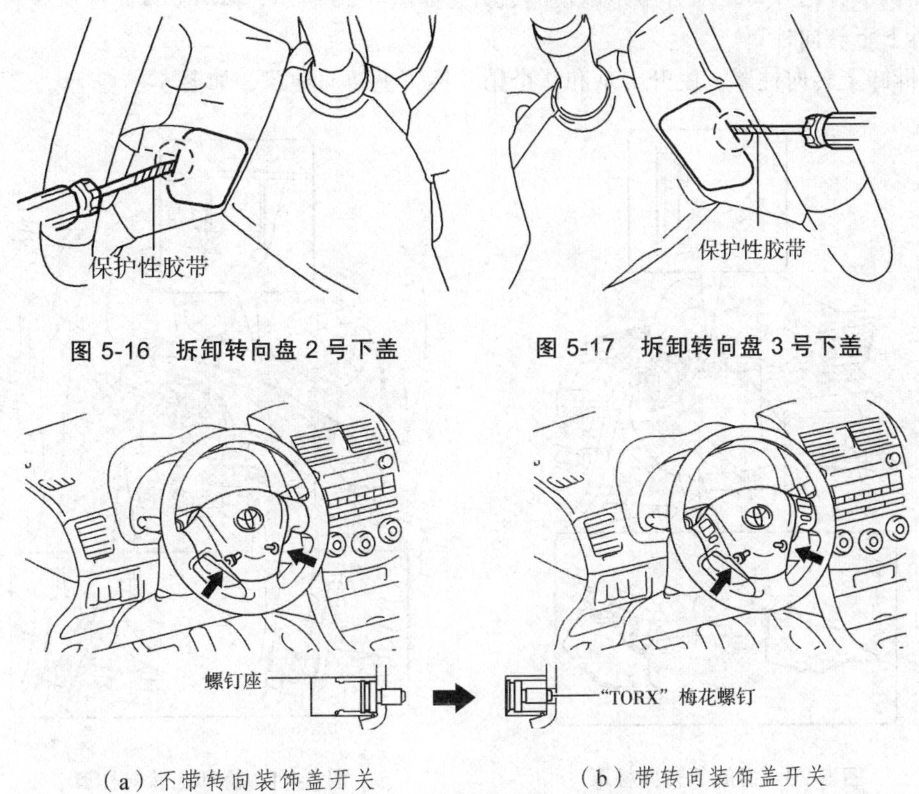

图 5-16　拆卸转向盘 2 号下盖

图 5-17　拆卸转向盘 3 号下盖

（a）不带转向装饰盖开关

（b）带转向装饰盖开关

图 5-18　拆卸转向盘装饰盖

⑥ 拆卸转向盘总成。如图 5-19（a）所示，拆下转向盘总成固定螺母，并在转向盘总成和转向主轴上做装配标记，将连接器从螺旋电缆上断开。在 SST（09953-05020）的螺纹和顶部涂抹一层润滑脂，拆下转向盘总成，如图 5-19（b）所示。

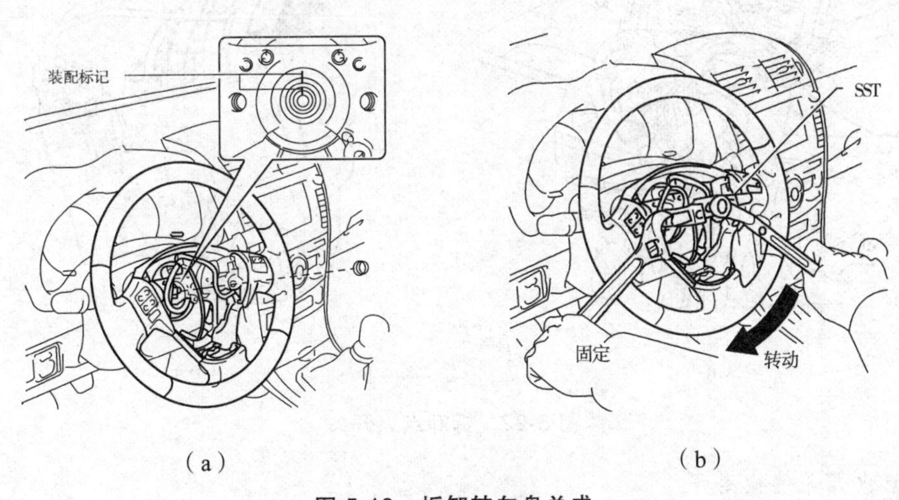

（a）

（b）

图 5-19　拆卸转向盘总成

⑦ 拆卸下转向柱罩。拉动下转向柱罩的左右两侧，并脱开 4 个卡爪。将手指插入下转向

柱罩斜度调节杆的开口处展开卡爪以使其脱开。如图 5-20 所示，转动下转向柱罩以脱开 2 个卡爪并拆下下转向柱罩。

⑧ 拆卸上转向柱罩。脱开卡爪和 2 个销并拆下上转向柱罩，如图 5-21 所示。

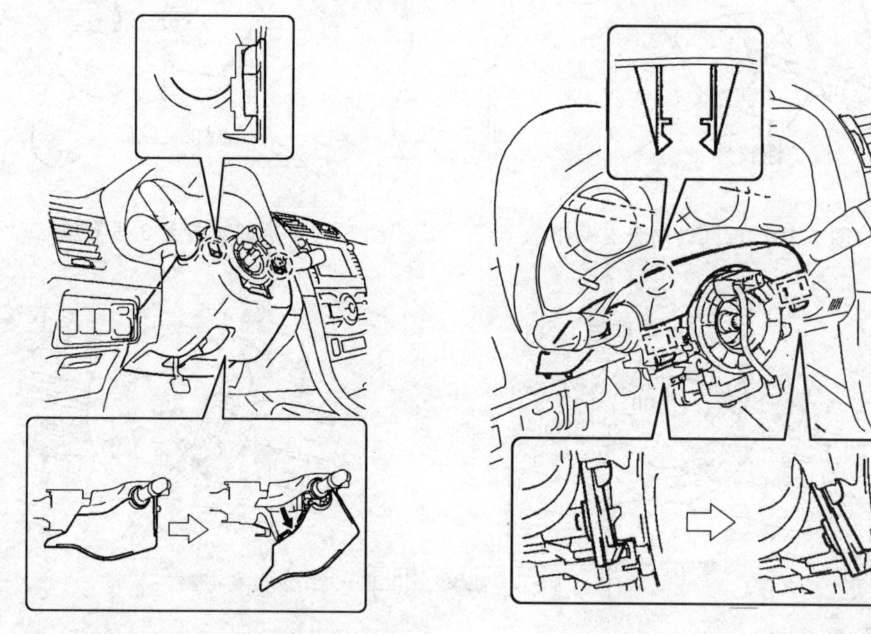

图 5-20 拆卸下转向柱罩　　图 5-21 拆卸上转向柱罩

⑨ 拆卸点火开关总成。如图 5-22（a）所示，拆下 2 个螺钉和点火开关。如图 5-22（b）所示，断开连接器。将连接器卡夹从点火开关上断开。

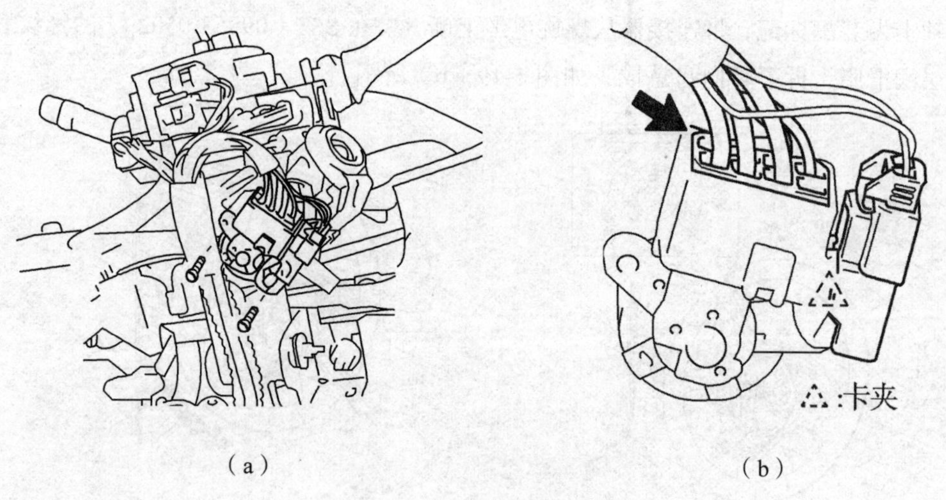

（a）　（b）

图 5-22 拆卸点火开关

2）点火开关的检测

图 5-23 所示为卡罗拉汽车点火开关接线端子，用万用表测量该开关各端子之间的电阻，应符合规定。将测量结果填入表 5-5 中。

表 5-5　点火开关的检测

万用表连接	点火开关位置	标准值	测量值	结果分析
所有端子	LOCK	大于 10 kΩ		
E4-2（AM1）~ E4-1（ST1）	START	小于 1 Ω		
E4-7（AM2）~ E4-8（ST2）	START	小于 1 Ω		

4. 熔断器检测

在仪表板接线盒上拆下 AM1 熔断器，如图 5-24 所示。先目测检查熔断器是否烧蚀，若烧蚀则需更换新熔断器；若未烧蚀，则用万用表检测其阻值，应符合规定。将检测结果填入表 5-6 中。

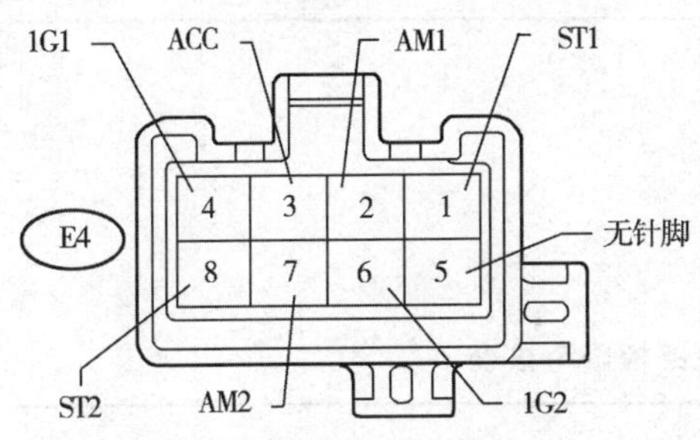

图 5-23　点火开关接线端子

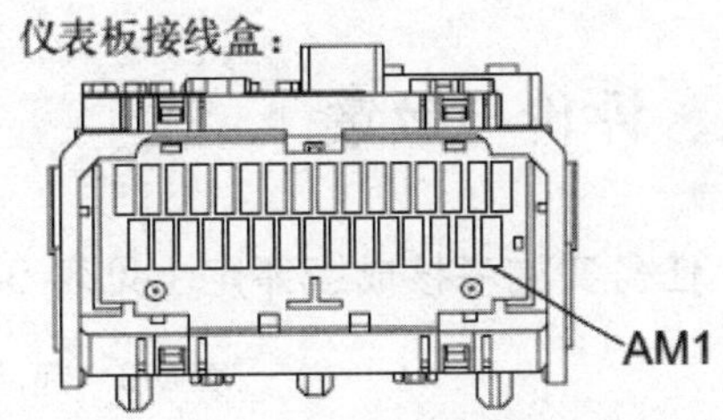

图 5-24　AM1 熔断器位置

表 5-6　AM1 熔断器检测

万用表连接	条件	标准值	测量值	结果分析
AM1 熔断器	始终	小于 1 Ω		

5. 线束检测

卡罗拉汽车起动系统控制电路的主要线束有：ST 继电器到离合器踏板开关总成线束、离合器踏板开关总成到点火开关总成线束、点火开关总成到电子控制单元（ECM）线束，各线束连接器的前视图如图 5-25 所示。用万用表检测连接器和线束应符合规定。将检测结果填入表 5-7 和表 5-8 中。

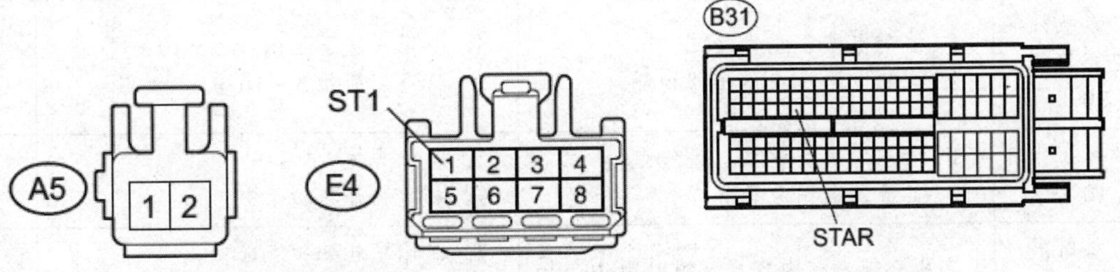

图 5-25　离合器踏板开关、点火开关和 ECM 线束连接器前视图

表 5-7　起动系统线束的断路检测

万用表连接	条件	标准值	测量值	结果分析
ST 继电器端子 1～A5-1	始终	小于 1 Ω		
A5-2～E4-1（ST1）	始终	小于 1 Ω		
B31-52（STAR）～E4-1（ST1）	始终	小于 1 Ω		

表 5-8　起动系统线束的短路检测

万用表连接	条件	标准值	测量值	结果分析
ST 继电器端子 1 或 A5-1～车身搭铁	始终	大于 10 kΩ		
A5-2 或 E4-1（ST1）～车身搭铁	始终	大于 10 kΩ		
B31-52 或 E4-1（ST1）～车身搭铁	始终	大于 10 kΩ		

三、评价与反馈

1. 任务实施考核成绩评定（见表 5-9）

表 5-9　起动系统电路检修考核表

考核项目及分值	考核内容	评分标准	评分记录
准备工作（10 分）	1. 清洁工量具及工作台 2. 套上方向盘罩、脚垫、驾驶员座椅罩、变速杆罩及手制动杆罩 3. 安装三件套	1. 未清洁工量具及工作台扣 2 分 2. 未套上转向盘护套、变速杆手柄套和座位套，未铺设脚垫，一项扣 2 分 3. 未安装三件套扣 5 分	
分析起动系统控制电路的工作过程（20 分）	1. 控制电路工作过程 2. 工作电路工作过程	1. 不能正确分析控制电路扣 5～10 分 2. 不能正确分析工作电路扣 5～10 分	
起动系统给定故障的诊断（30 分）	起动机不转动故障的诊断	1. 诊断步骤错误扣 10 分 2. 诊断方法错误扣 10 分	
起动系统控制电路检测（30 分）	1. 控制电路各元件检测 2. 控制电路线束连接器检测	1. 检测方法不正确扣 5～10 分 2. 漏检一项扣 5～10 分	
收尾工作（10 分）	1. 清洁工具、量具、工作台 2. 工量具应摆放整齐	1. 未清洁扣 1～3 分 2. 未摆放整齐扣 1 分	
考核时限（10 分）	完成全部考核内容规定用时为 20 min	1. 超时每分钟扣 5 分 2. 超时 5 min 即停止记分	

2. 任务过程评价与反馈（见表 5-10 和表 5-11）

表 5-10　任务过程评价表

考核项目	评分标准	分数	成绩	过程评价
劳动纪律	有无迟到、早退和旷工	5		
团队合作	是否和谐	5		
活动参与	是否精彩	5		
安全生产	有无安全隐患	10		
操作过程	是否正确、熟练	30		
任务质量	是否圆满完成	10		
工具、设备使用	是否规范、标准	10		
工作页填写	是否完整、规范	15		
现场 5S	是否做到	10		
总　分		100		

注：没有按照操作流程操作，出现人身伤害或设备严重事故，本任务考核结果为 0 分。

表 5-11　任务过程反馈表

反馈内容	回答
你是否完成本学习任务，并得到老师的确认？	
你是否能准确有效地收集、分析和组织完成资料，正确地交流信息？	
你是否已经掌握预期的知识和必备的技能？	
你是否充分使用学习资源和按计划有组织地达成目标？	
操作完成水平： 上述表格中的项目应为肯定回答。若不是，应咨询老师。你可以要求附加相关活动，以便完成相关的操作技能。 教师签字：________ 学生签字：________ 完成日期：________	

四、学习拓展

1. 查阅资料，分析一键启动系统的工作原理。

学习任务六　点火系统元件检修

任务描述：

一辆2007年生产的丰田卡罗拉汽车在接通点火开关至起动位置时，起动机能带动发动机正常转动，但发动机不能起动且无着车征兆。请对点火系统各元件进行检查，如有必要进行修理或更换。

学习目标：

通过本学习任务的学习，应当能：

（1）了解点火系统的发展历程；

（2）明确点火提前角的影响因素；

（3）知道ECU的控制策略；

（4）掌握点火系统各元件的作用、结构和工作原理；

（5）小组密切合作，对点火系统各元件规范检测。

建议学时：12课时

学习内容：

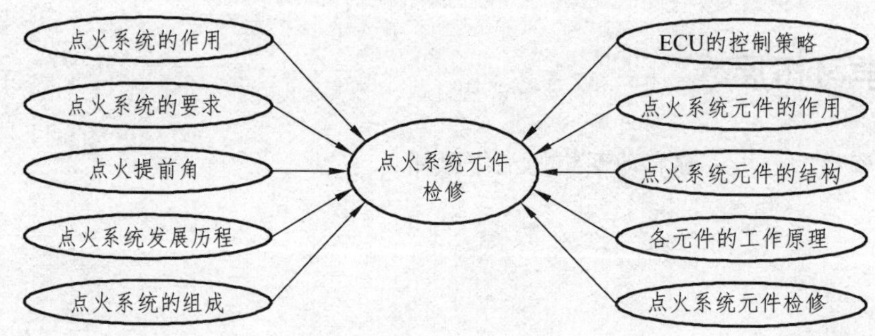

一、任务准备

引导问题 1：点火系统的作用是什么？

在汽油发动机中，点火系统的作用是将汽车电源供给的低压电转变为高压电，并按照发动机的做功顺序与点火时间的要求，适时、可靠地在各缸产生电火花，点燃气缸内的可燃混合气，使发动机做功。

引导问题 2：汽油发动机对点火系统有哪些要求？

点火系统应在发动机各种工况和使用条件下保证可靠而准确的点火，基本要求如下。

1. 电火花应具有足够的能量

发动机正常工作时，由于混合气压缩终了的温度已接近其自燃温度，所需的电火花能量很小（3 ~ 5 mJ）。但在起动、怠速、大负荷等工况时，都需要较高的火花能量。尤其在起动时，由于混合气雾化不良，废气稀释严重，电极温度低，所需点火能量最高。为了保证可靠点火，高能电子点火系统一般应具有 80 ~ 100 mJ 的火花能量，起动时应产生高于 100 mJ 的火花能量。

2. 能产生足以击穿火花塞电极间隙的电压

在火花塞电极间产生火花时所需要的电压，称为击穿电压。一般来说，电极间隙越大、气缸内混合气体压力越高、温度越低，击穿电压就越高。据测定，冷车启动时，跳火电压最高为 15 ~ 25 kV；温度正常后，汽车则只需要 8 ~ 12 kV 的击穿电压。

3. 点火时刻应适应发动机的工作状况

首先，点火系统应按发动机的工作顺序进行点火。一般六缸发动机的点火顺序为 1-5-3-6-2-4，四缸发动机的点火顺序为 1-3-4-2 或 1-2-4-3。

其次，必须在最有利的时刻点火。由于混合气在气缸内燃烧要占用一定的时间，所以混合气不应在压缩行程上止点处点火，而应适当提前，使活塞达到上止点时，混合气已得到充分燃烧，从而使发动机获得较大功率。点火时刻一般用点火提前角来表示，即在压缩行程中，从点火开始到活塞运行到上止点时曲轴所转过的角度，称为点火提前角。

如果点火过迟，当活塞到达上止点时才点火，则混合气的燃烧主要在活塞下行过程中完成，即燃烧过程在容积增大的情况下进行，使炽热的气体与气缸壁接触的面积增大，因而转变为有效功的热量相对减少，气缸内最高燃烧压力降低，导致发动机过热，功率下降。如果点火过早，由于混合气的燃烧完全在压缩过程进行，气缸内的燃烧压力急剧升高，当活塞到达上止点之前即达最大，使活塞受到反冲，发动机做负功，不仅使发动机的功率降低，如图 6-1 所示，还有可能引起爆燃和运转不平稳现象，加速运动部件和轴承的损坏。

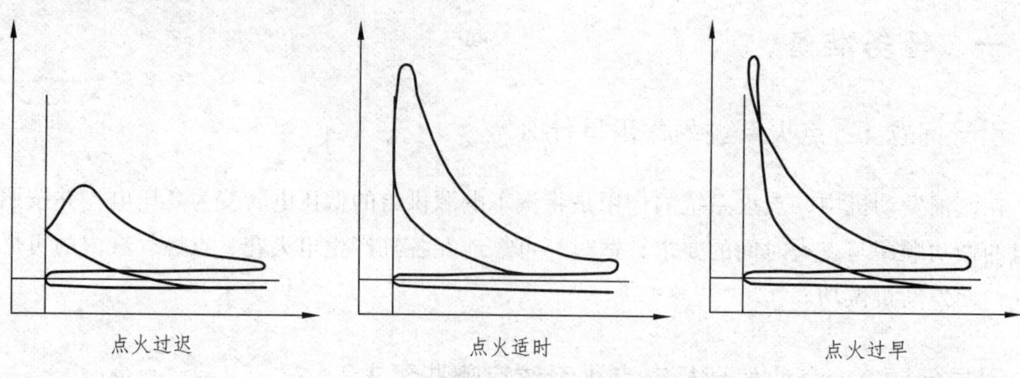

图 6-1　点火时刻发动机功率的影响

引导问题 3：最佳点火提前角会受哪些因素的影响？

一般把发动机发出最大功率或油耗最小的点火提前角，称为最佳点火提前角。发动机在不同工况和不同使用条件下，最佳点火提前角均不相同。影响最佳点火提前角的主要因素有：

1. 发动机转速

当发动机转速一定时，随着负荷的增大，点火提前角应适当减小。反之，发动机负荷减小时，点火提前角则应适当增大，如图 6-2 所示。

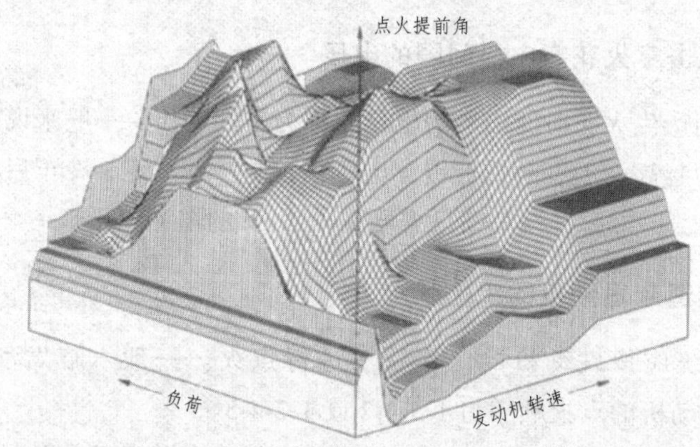

图 6-2　发动机负荷和转速对点火提前角的影响

2. 发动机负荷

当发动机节气门开度一定时，转速增高，应适当加大点火提前角。即点火提前角应随转速增高而适当加大。如图 6-2 所示。

3. 汽油的辛烷值

汽油的辛烷值越高，抗爆性越好，点火提前角可适当增大，以提高发动机的性能；辛烷值较低的汽油抗爆性差，点火提前角则应减小。

此外，最佳点火提前角还与混合气的浓度、发动机的压缩比、发动机水温、进气压力及进气温度等因素有关。

引导问题 4：点火系统经历了哪些发展阶段？

发动机点火系统主要经历了传统的触点式点火、半导体辅助点火、普通电子点火、微机控制点火系统（全电子点火系统）等发展阶段。

1. 传统触点式点火系统

19 世纪 80 年代，电力工程师肯特林成功地开发出了白金点火系统，并于 1910 年成功地应用于凯迪拉克汽车上，其优点为当时人们所普遍认同，这就是当今我们所说的传统的触点式点火系统，如图 6-3 所示。

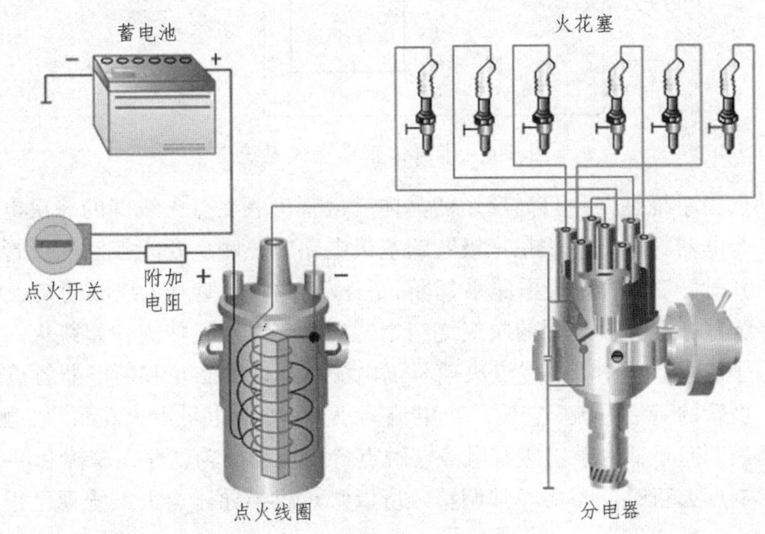

图 6-3 传统触点式点火系统

其工作原理是：当发动机转动时，分电器在凸轮轴的驱动下随着转动，分电器内断电器也随着转动，断电器内的白金触点交替地闭合和打开，当点火开关接通后，如果触点闭合，则点火线圈初级绕组电流接通并逐渐增大；当触点打开时，次级线圈就诱发产生高压电动势，由配电器依据点火顺序将高压电引至气缸。

这种点火系统基本能满足发动机对点火系统的要求，而且结构简单、更换方便，该系统为汽车的使用与发展发挥了一定的作用。但这种点火系统存在着无法克服的弊端：没有点火能量调节装置，存在高速失火和低速点火线圈过热问题；点火提前角的调节采用机械式的真空和离心点火提前角调整装置，使点火提前角反应速度慢、控制精度低；初级电流不能太大，否则会烧蚀白金触点，同时触点反应慢，影响了次级点火电压的提升。以上问题导致汽油燃烧不充分，引发低温起动困难、排污大、输出动力小、油耗大和怠速偏高等一系列问题；另一方面，触点容易烧蚀，需要驾驶员经常维护和更换；分电器凸轮磨损严重，工作寿命受到限制。由此显见白金触点式点火这种机械装置已不能适应现代发动机向高速、大动力化发展和汽车排污净化严格的要求。

2. 半导体辅助点火系统

20 世纪 60 年代出现了半导体辅助点火系统，如图 6-4 所示。该系统是基于白金触点式点火系统的上述缺陷而提出的，是最早的机电相结合的典型代表之一。

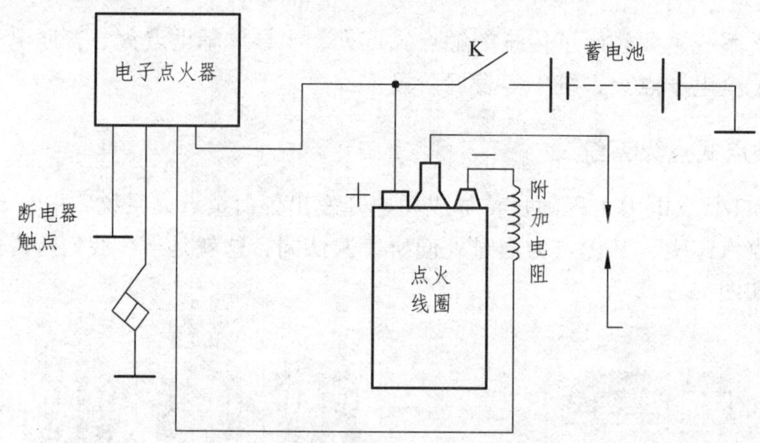

图 6-4　半导体辅助点火系统

半导体辅助点火系统是将一只高反压的晶体三极管串联在点火线圈的一次电路中，控制一次电路的通断。断电器的触点串联在三极管的基极电路中，触点开闭控制三极管导通和截止。当断电器触点断开时，三极管基极电路被切断，三极管截止，使点火线圈的初级电路断开，一次电流迅速下降为零，在点火线圈的次级绕组中感应出高电压，使火花塞跳火，点燃混合气。

在触点式电子点火系统中，虽然点火信号仍由分电器内的凸轮和断电器触点产生，但流过触点的电流是三极管的基极电流，它比一次电流要小得多，所以触点火花很小，触点没有烧蚀，触点使用寿命延长。但是，由于仍然有触点、触点臂顶块和凸轮，存在摩擦和磨损，触点间隙会不断变化，影响点火正时，需要经常调整。所以触点式半导体点火系统现已很少使用。

3. 无触点电子点火系统

该系统取消了断电器触点，利用各种信号发生器代替断电器触点，产生点火信号。通过电子元件组成的点火控制器，控制点火系工作。根据信号发生器形式不同，有磁电式、霍尔式（见图 6-5）、光电式和电磁振荡式几种。

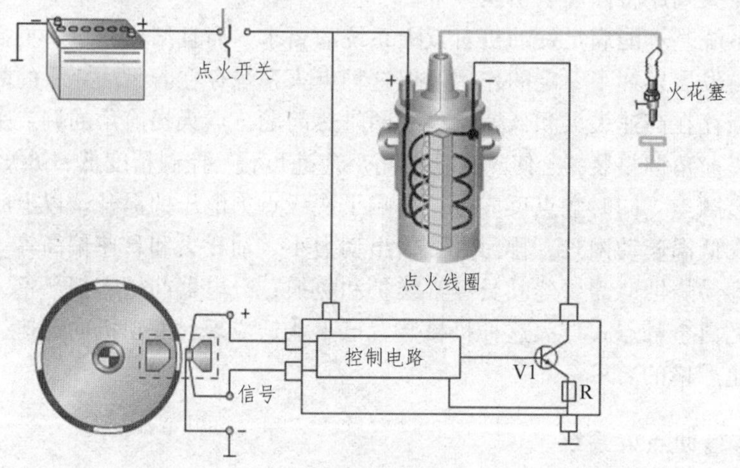

图 6-5　霍尔式无触点电子点火系统

无触点电子点火系统取消了断电器触点，采用多功能专用点火集成电路模块，配以高能点火线圈，使点火电压、点火能量大大提高，还具有恒流控制、闭合角控制等功能，使点火性能显著提高，改善了发动机的动力性能、燃油经济性能、起动性能和排气净化性能。

但是，对影响发动机性能最重要的因素——点火提前角的调节，仍然是采用离心式和真空式点火提前角调节装置，即机械调节方式，而且只能考虑发动机转速、负荷等少数几个因素的影响，而对发动机冷却液温度、进气温度、可燃混合气的空燃比等多种运行参数没法考虑。由于机械式点火提前角调节装置控制精度低，响应速度慢，不能保证发动机在各种工况下均在最佳时刻点火，使发动机性能进一步提高受到限制。

4. 微机控制点火系统

随着电子技术的飞速发展，现在汽车上对发动机的点火进行电脑控制，即采用微机控制点火系统，这种系统能有效地解决上述无触点点火系统的缺点。

微机控制点火系统主要由下列元件组成：监测发动机运行状况的传感器、处理信号发出指令的微处理机（ECU）、响应微机指令的点火器、点火线圈等，如图 6-6 所示。

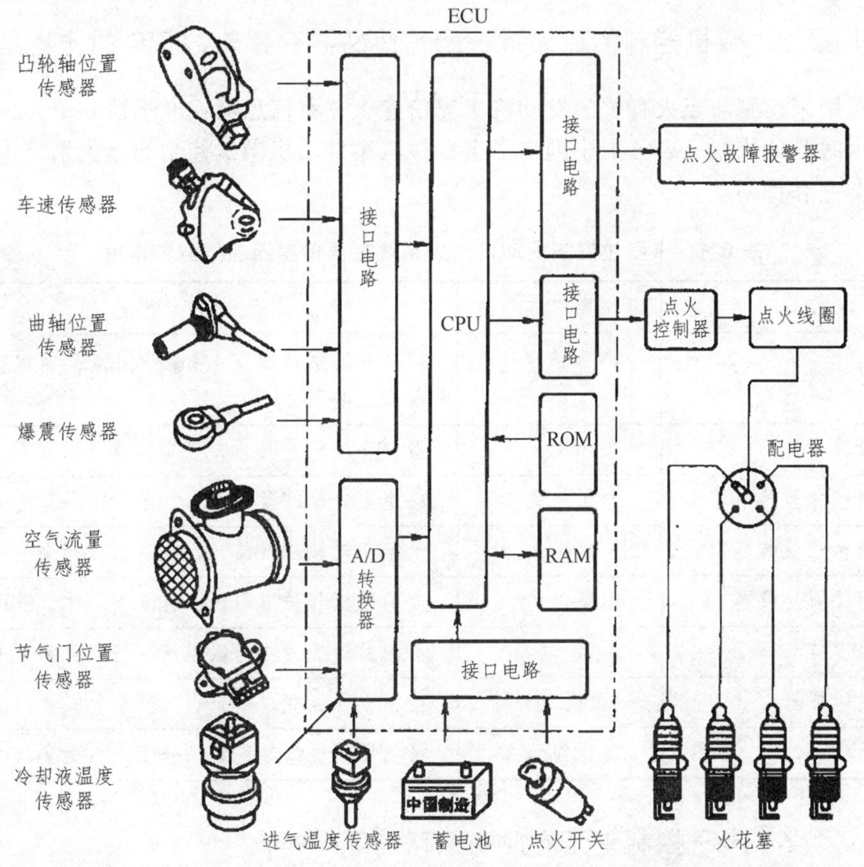

图 6-6　微机控制的点火系统

发动机工作时，ECU 根据接收到的各传感器信号，从存储器中选出最适当的点火提前角，再根据曲轴位置传感器判别出曲轴转速、位置及哪一缸处于压缩上止点，然后控制大功率晶体管的导通和截止，即控制点火线圈初级电流的通断。微机控制点火系统由于废除真空离心点火提前角调节装置，点火提前角由微机控制，从而使发动机在各种工况下都使点火提前角达到最理想的点火提前角，如图 6-7 所示。使点火提前到发动机刚好不发生爆震的范围，有效地提高了发动机的动力性、经济性、加速性和降低了排放污染。

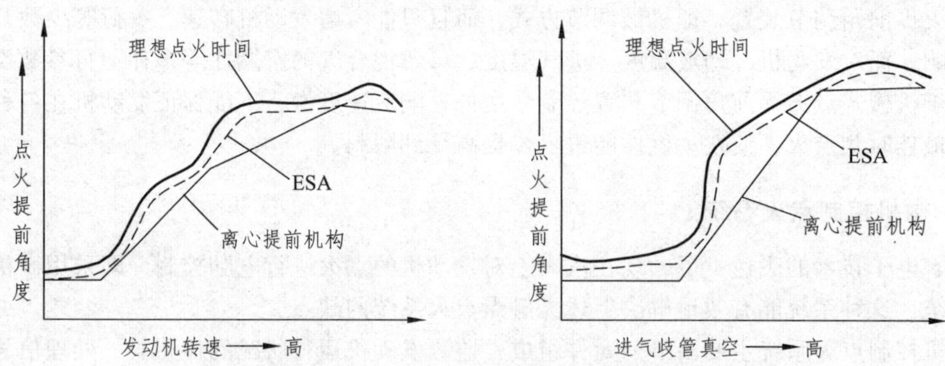

图 6-7 ESA 与离心、真空提前机构的点火时间曲线的比较

引导问题 5：微机控制的点火系统所需传感器有哪些，各自的作用是什么？

传感器用来检测与点火有关的发动机工况信息，并将信息输入电子控制单元，作为运算和控制点火时刻的依据。表 6-1 中列出了卡罗拉汽车发动机微机控制的点火系统主要使用的传感器的类型和作用。

表 6-1 卡罗拉汽车发动机点火系统主要传感器的类型和作用

传感器	类　型	作　用
曲轴位置传感器	磁感式	检测发动机转速及 1/4 缸上止点，确定基本喷油时间与点火时刻
空气流量计	热膜式	检测发动机进气量，确定基本点火时刻
进气凸轮轴位置传感器	磁阻式	确定点火时刻及 VVT-i 控制
排气凸轮轴位置传感器	磁阻式	采集凸轮轴位置信号，确定点火时刻
加速踏板位置传感器	霍尔式	监测司机驾驶意向，控制节气门体，修正点火时刻
冷却液温度传感器	热敏电阻	检测发动机的冷却液温度，修正点火时刻
进气温度传感器	热敏电阻	检测进气温度，修正点火时刻
爆震传感器	磁阻伸缩式	检测发动机爆燃现象，修正点火时刻

引导问题 6：电子控制单元的控制策略是怎样的？

在微处理器控制的点火系统中，电控单元（ECU）不仅可以产生一个点火信号，而且还可以对点火信号的位置（决定点火时刻）和形状（决定初级回路闭合角的大小）进行控制，因而控制系统的控制策略在很大程度上决定着点火系统的优劣和发动机性能指标的好坏。

1. 点火提前角的控制

ECU 根据汽油机的各种工况信号对点火时刻进行控制。起动时，转速变化大，空气流量不稳定，进气量传感器输出的信号就不稳定，点火提前角不能准确控制，按 ECU 内存储的初始点火提前角对点火提前角进行控制。起动时的点火提前角一般是固定的，为 10° 左右。

正常运转时，ECU 根据发动机的转速和负荷信号，从存储器存储的数据中找到相应的基本点火提前角，然后根据发动机水温、进气温度等传感器信号值加以修正，得出实际的点火提前角。因此：实际点火提前角=初始点火提前角 + 基本点火提前角 + 修正点火提前角。

2. 点火时间修正控制

低温修正：依水温传感器等信号，在低温时，ECU 使点火提前，以保持低温运转性能。当气温极低时，点火提前可大约 15°。

暖车修正：依水温传感器等信号，当发动机冷却液温度低时，ECU 使点火提前，以改善驾驶性能。有些型式的发动机在暖车修正时，会依空气流量计信号，以适当提前点火角度。

怠速稳定修正：怠速运转时，转速因空调等发动机的负荷改变而变化时，ECU 会改变点火时间，使怠速转速稳定。ECU 不断地计算发动机转速平均值，当转速低于目标转速时，ECU 使点火提前；当转速高于目标转速时，ECU 使点火延后；最大点火提前角修正值为 ± 5°，当发动机转速超过预设值时，怠速稳定，修正不再作用。

高温修正：依水温传感器信号，当冷却液温度过高时，为避免发动机过热与爆燃，ECU 会使点火时滞，高温修正时的最大点火时滞为 5°。

空燃比反馈修正：发动机的空燃比回馈系统作用时，转速会随燃油喷射量的增加或减少而变化，而怠速对空燃比的改变特别敏感。因此依含氧传感器、节气门位置传感器、车速传感器等信号，配合空燃比回馈修正的喷油量，ECU 将点火提前，以确保怠速稳定。空燃比回馈修正的最大点火提前角度为 5°，在车辆行驶时，本修正会停止作用。

转矩控制修正：配备电子控制自动变速器的车辆，在换挡时，行星齿轮组的离合器或制动器接合时会产生某种程度的震动。因此依曲轴位置传感器、节气门位置传感器、冷却液温度传感器等信号，在挡位开始变化时，ECU 使点火时滞，减低发动机转矩，以降低向上或向下换挡产生的震动。当冷却液温度或蓄电池电压低于预设值时，转矩控制修正不作用。

爆震修正：当发动机产生爆燃时，ECU 依信号的程度，分成强、中、弱三种，爆燃较强时，点火时滞较多；爆燃较弱时，点火时滞较少。当爆燃停止时，ECU 停止点火延迟，并开始提前点火，一次一个固定角度。爆震修正时的最大点火提前角度为 10°。

3. 闭合角的控制

点火线圈的通电时间就是它以建立磁场的形式蓄积点火能量的时间，这段时间所对应的曲轴转角叫做闭合角。闭合角的大小又将影响初级绕组通过电流的大小，即影响发动机的工作性能。初级绕组通过电流的大小主要与发动机转速和蓄电池电压有关，为保证在不同的蓄电池电压和不同的转速下，初级绕组均具有相同的初级断开电流，电控单元根据蓄电池电压和发动机的转速信号，从预置的闭合角数据表中查出相应的数值，对闭合角进行控制。

引导问题 7：点火线圈是怎样将低压变成高压的？

点火线圈是为点燃发动机气缸内空气和燃油混合物提供点火能量的执行部件。它由铁芯、初级绕组和次级绕组等组成。按磁路的结构形式不同，可分为开磁路式点火线圈和闭磁路式点火线圈，如图 6-8 所示。

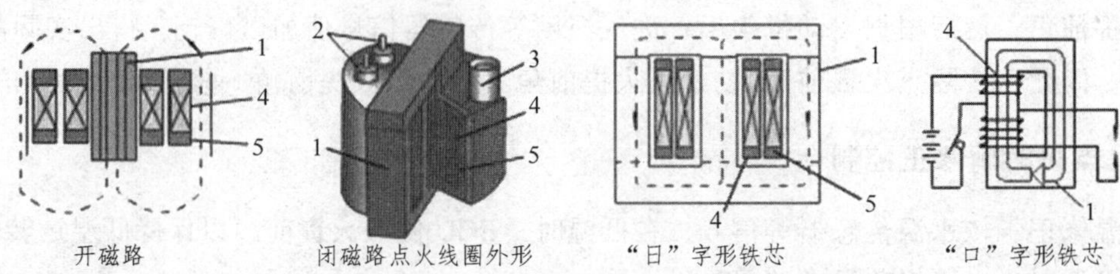

图 6-8　点火线圈的结构

1—铁芯；2—低压接线柱；3—高压插孔；4—初级绕组；5—次级绕组

与开磁路点火线圈相比，闭磁路点火线圈具有漏磁少、转换效率高、体积小、质量轻、铁芯裸露易于散热等优点，故已在高能电子点火系中广泛应用。

点火线圈是基于电磁感应的原理，通过接通和断开点火线圈的初级回路，初级回路中的电流增加然后又突然减小，这样在次级就会感应产生点燃火花塞所需的高电压。

引导问题 8：点火控制器的作用是什么？

点火控制器（ICM）又称点火电子组件、点火器或功率放大器。点火控制器常跟点火线圈做成一体，如图 6-9 和图 6-10 所示。

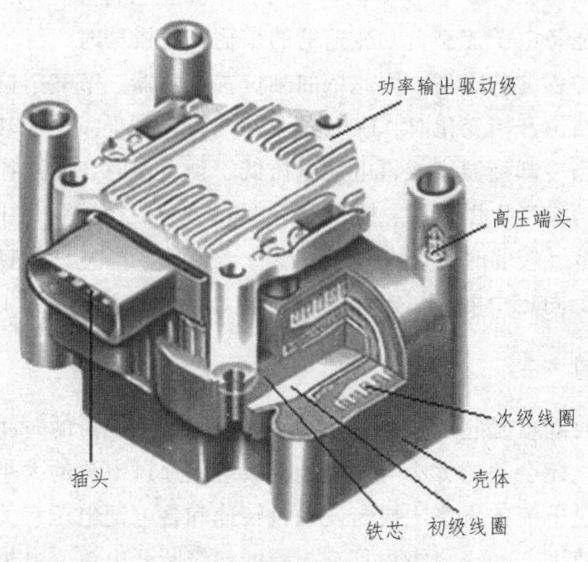

图 6-9　大众捷达点火线圈组件

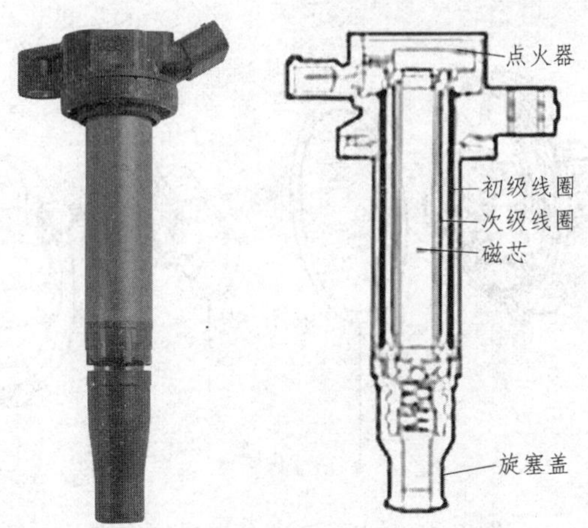

图 6-10　丰田卡罗拉点火线圈组件

点火控制器由整形电路、放大电路和开关电路集成而成，起开关作用，根据 ECU 的点火信号 ICT，控制点火线圈初级电路的通电或断电。有的点火器还在完成点火后向 ECU 输送点火确认信号（燃油反馈信号 IGF），如图 6-11 所示。

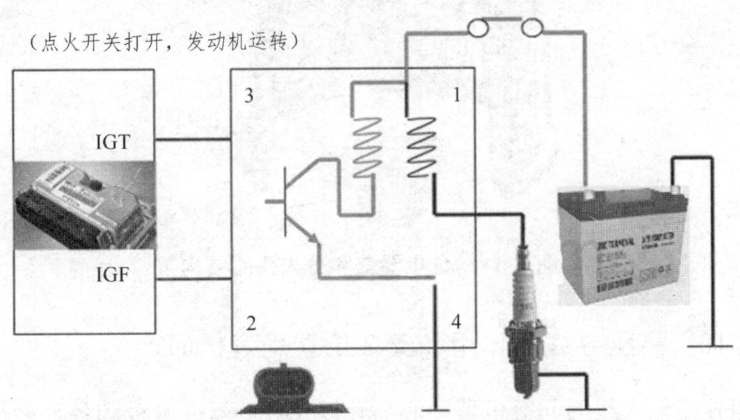

图 6-11　点火控制器的工作原理

引导问题 9：微机控制点火系统中分电器的结构和作用是什么？

电控点火系统中分电器的作用是将高压电按点火顺序分配至火花塞，主要由分电器盖、分火头等组成。丰田轿车的分电器结构如图 6-12 所示，有些车辆的曲轴位置传感器和凸轮轴位置传感器也安装在分电器内。

如图 6-13 所示，分电器盖由胶木制成，盖内四周有与发动机气缸数相等的旁电极，同盖外的旁插孔相通，旁插孔用来安装分缸线。盖的中间有一个深凹的用来插中央线的插孔，其内侧为中心电极，电极孔中装有带弹簧的电刷，电刷借弹簧力与分火头上的导电片紧密接触。分火头由胶木制成，其顶部嵌有一铜导电片，分火头随轴旋转，其上的导电片在距旁电极 0.2 ~ 0.8 mm 的间隙处掠过。当点火线圈产生高压时，分火头正好对准盖内某一旁电极，高压电便由中心电极经电刷柱、导电片通到旁电极，再经分缸线送至火花塞跳火。

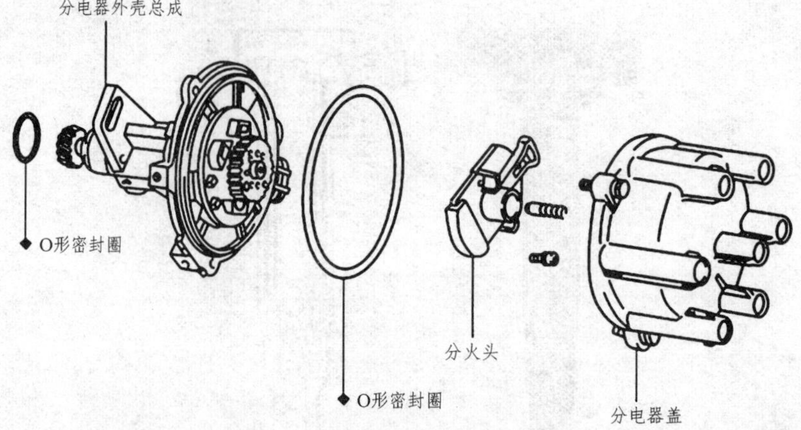

图 6-12 丰田汽车分电器的结构

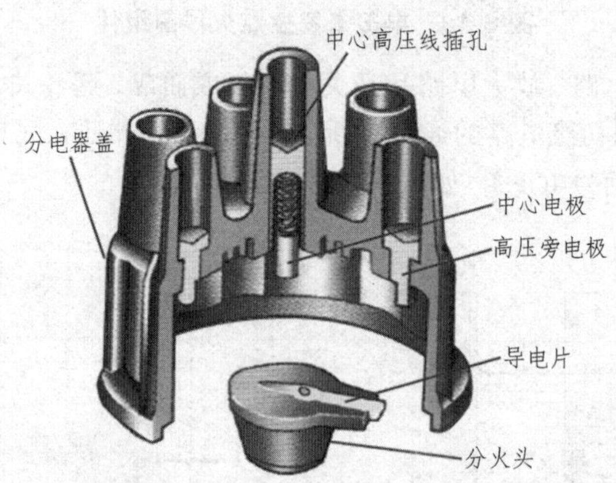

图 6-13 分电器盖和分火头的结构

引导问题 10：高压导线的作用和安装位置是怎样的？

高压线用以连接点火线圈与分电器中心插孔以及分电器旁电极和各缸火花塞，如图 6-14 所示。由于工作电压很高（一般在 15 kV 以上），电流强度较小，因此高压导线的绝缘包层很厚，耐压性能好，但线芯截面面积很小。汽车用高压线有铜芯线和阻尼线两种。

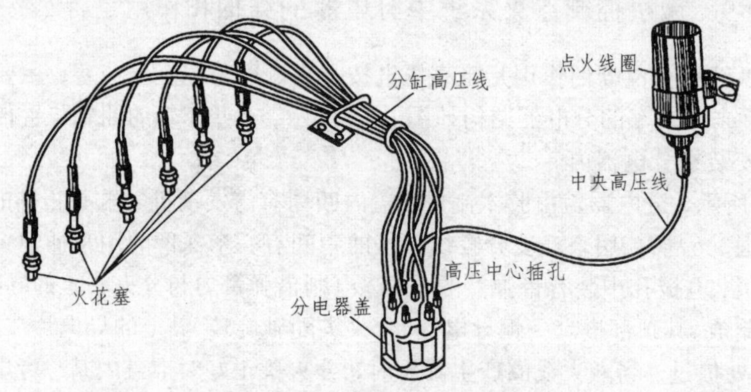

图 6-14 点火系统中的高压导线

引导问题 11：火花塞的结构及热特性是怎样的？

火花塞在发动机上的作用，主要是在发动机燃烧室中形成火花放电，使可燃混合气着火燃烧。如图 6-15 所示，火花塞的工作条件十分恶劣，它要承受很大的机械、化学及电的负荷，因此应有良好的热特性和足够的机构强度，火花塞的电极应采用难熔、耐蚀的材料制成。

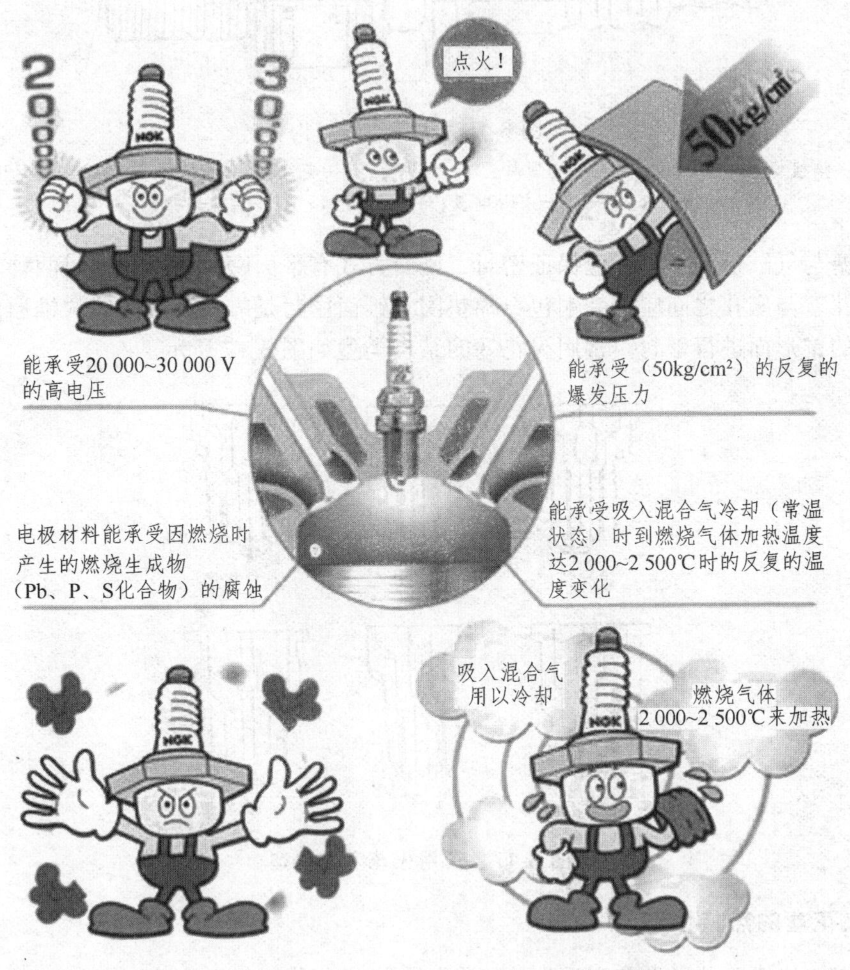

图 6-15　火花塞的工作条件

1. 火花塞的结构

火花塞的结构如图 6-16 所示，火花塞由中心电极、侧电极、钢壳、瓷绝缘玻璃组成。在钢质外壳的内部固定有高氧化铝陶瓷绝缘体，在绝缘体中心孔的上部有金属杆，杆的上端有接线帽，用来接高压导线，下部装有中心电极。金属杆与中心电极之间用导电玻璃密封，铜质内垫圈起密封和导热作用。钢质外壳的上部有便于拆装的六角平面，下部有螺纹以便旋装在发动机气缸盖内，外壳下端固定有弯曲的侧电极。

电极一般采用耐高温、耐腐蚀的镍锰合金钢或铬锰氮、钨、镍锰硅等合金制成，也有的采用镍包铜材料制成，以利于提高散热性能。火花塞电极间隙多为 0.6 ~ 0.7 mm，电子点火其间隙可增大至 1.0 ~ 1.2 mm。

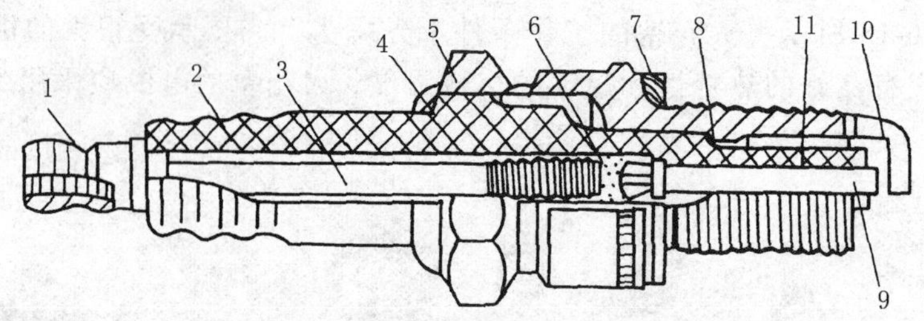

图 6-16　火花塞的结构

1—接线螺母；2—绝缘体；3—金属杆；4—内垫圈；5—壳体；6—导体玻璃；7—密封垫圈；8—内垫圈；9—中心电极；10—侧电极；11—绝缘体裙部

火花塞与气缸盖座孔之间应保证密封，密封方式有平面密封和锥面密封两种。平面密封时，在火花塞与座孔之间应加装铜包石棉垫圈；锥面密封是靠火花塞壳体的锥形面与气缸盖之间相应的锥形面进行密封。常用火花塞的结构类型如图 6-17 所示。

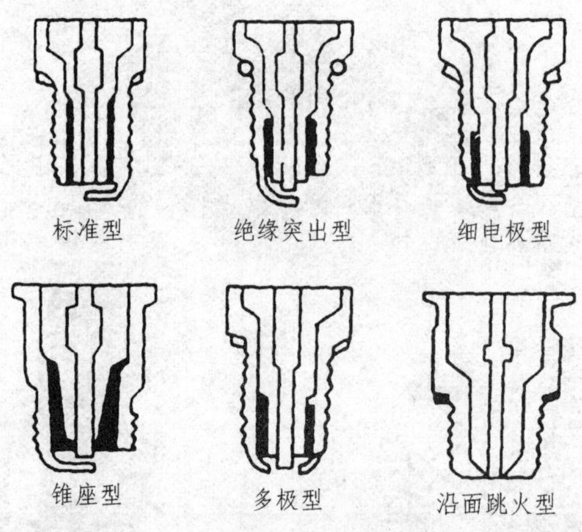

图 6-17　常用火花塞的类型

2. 火花塞的热特性

火花塞的热特性是指火花塞吸收的热量与散出的热量达到平衡状态时的温度。不形成积炭的温度，称为火花塞的自净温度；低于这个温度时，火花塞易产生积炭而漏电；高于这个温度时，又易产生炽热点火，形成早燃。因此，火花塞的热特性必须与发动机相适应，以保证火花塞在发动机内良好工作。

火花塞的热特性主要决定于绝缘体裙部的长度，绝缘体裙部长的火花塞的受热面积大，传热距离长，散热困难，裙部温度高，称为“热型”火花塞；反之，裙部短的火花塞，吸热面积小，传热距离短，散热容易，裙部温度低，称为“冷型”火花塞。热型火花塞用于低压缩比、低转速、小功率的发动机中；冷型火花塞用于高压缩比、高转速、大功率的发动机中。不同热特性的火花塞如图 6-18 所示。

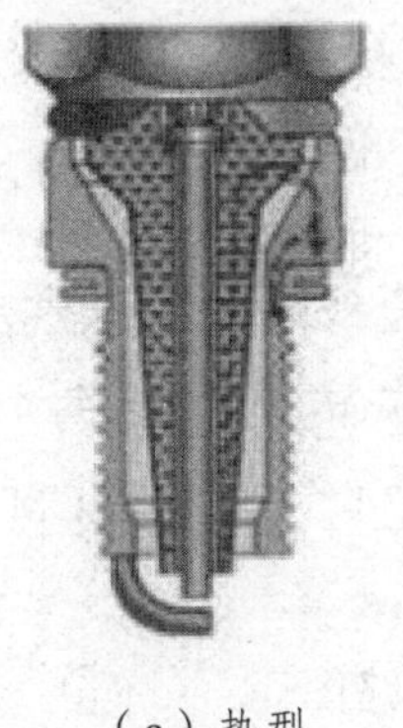
（a）热型

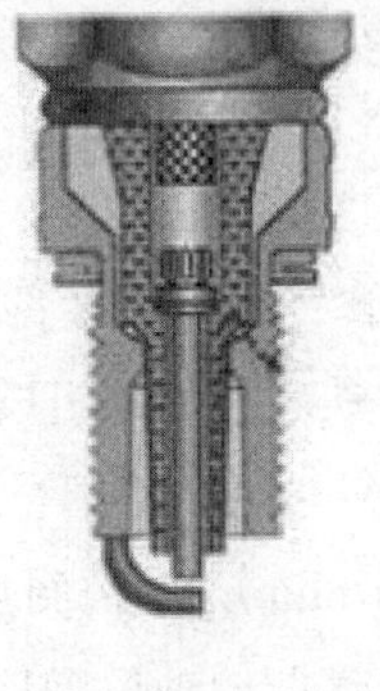
（b）中型

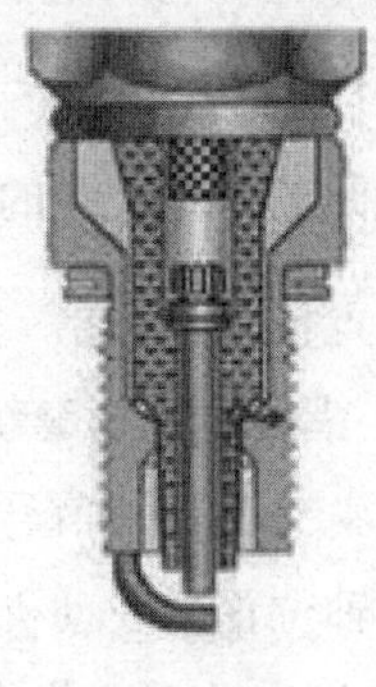
（c）冷型

图 6-18　不同热特性的火花塞

火花塞的热特性，我国是以绝缘体裙部的长度来标定的，并分别用热值来表示，如表 6-2 所示。火花塞的热特性选用得是否合适的判断方法是：如果火花塞经常由于积炭而导致断火，则表示它太冷；如果发生炽热点火（易引起爆燃现象），则表示太热。

表 6-2　火花塞裙部长度与热值

裙部长度/mm	15.5	13.5	11.5	9.5	7.5	5.5	3.5
热　值	3	4	5	6	7	8	9
热特性	热冷（←→）						

3. 火花塞的型号

根据 ZB/T 37003—1989 标准规定，火花塞型号由三部分组成：

第一部分为汉语拼音，表示火花塞结构类型及主要形式尺寸。

第二部分为阿拉伯数字，表示火花塞热值。

第三部分为汉语拼音，表示火花塞派生产品结构、结构特征、材料特性及特殊技术要求。有关数据可查相应的技术手册。

例如：F5RTC 型火花塞，表示螺纹规格为 M14X1.25、旋合长度为 19 mm、壳体六角对边为 20.8 mm、热值为 5 的带电阻、镍铜复合电极、绝缘体凸出型平座火花塞。

二、任务实施

引导问题 12：对点火系统元件检修，需要使用的主要工、量具有哪些？

对点火系统元件检修需要使用的主要工、量具有：卡罗拉轿车、维修手册、万用表、智能检测仪、世达 56 件套、火花塞清洁仪、厚薄规、转向盘护套、变速杆手柄套、座位套、脚垫、翼子板和前格栅磁力护裙等。

引导问题 13：如何对电控点火系统主要传感器进行检修?

1. 曲轴位置传感器的检测

曲轴位置传感器包括一个曲轴位置传感器信号盘和一个耦合线圈。信号盘装在曲轴上，有 34 个齿，耦合线圈由缠绕的铜线、铁芯和磁铁组成。信号盘旋转时，随着每个齿经过耦合线圈，便产生一个脉冲信号。发动机每转一圈，耦合线圈产生 34 个信号，ECM 根据这些信号计算出曲轴位置和发动机的转速（r/min），来控制点火正时。

图 6-19 为曲轴位置传感器和进排气凸轮轴位置传感器的电路图。

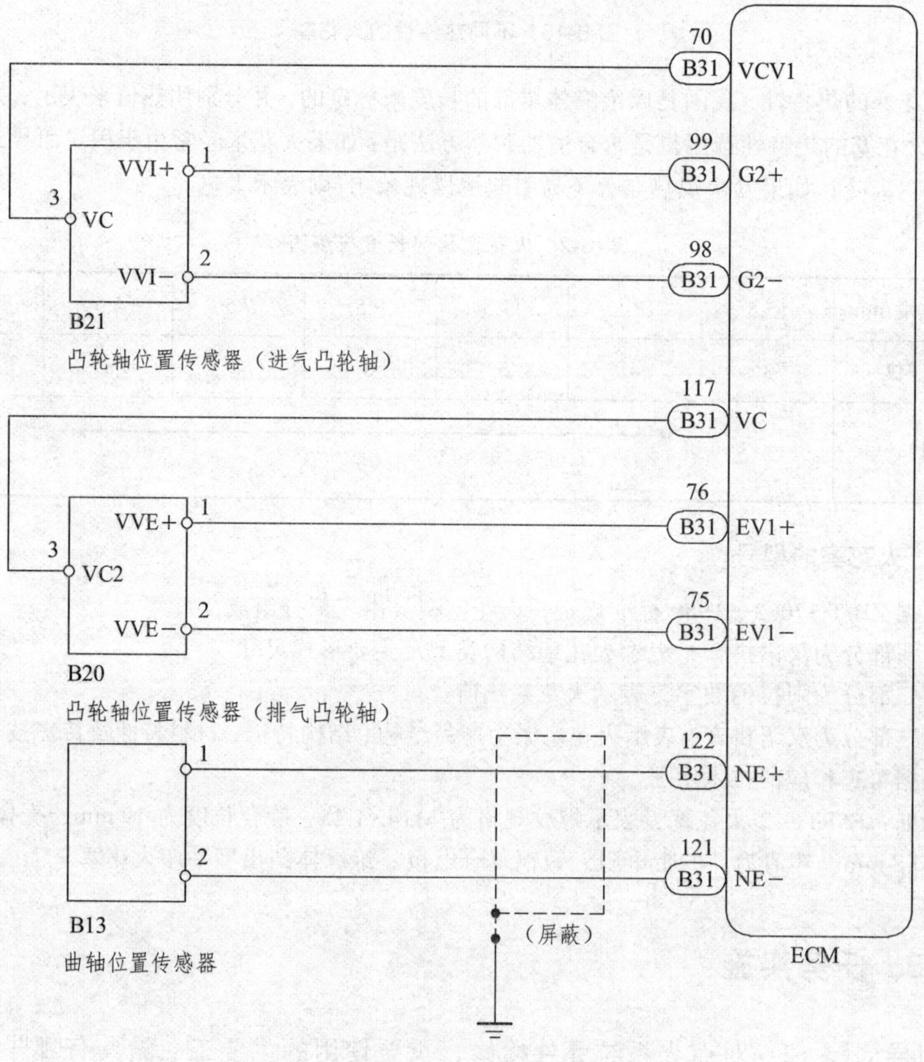

图 6-19　曲轴、凸轮轴位置传感器的电路

（1）在卡罗拉汽车上找到曲轴位置传感器的安装位置，如图 6-20 所示；检查曲轴位置传感器的安装情况（见图 6-21）并填入表 6-3。

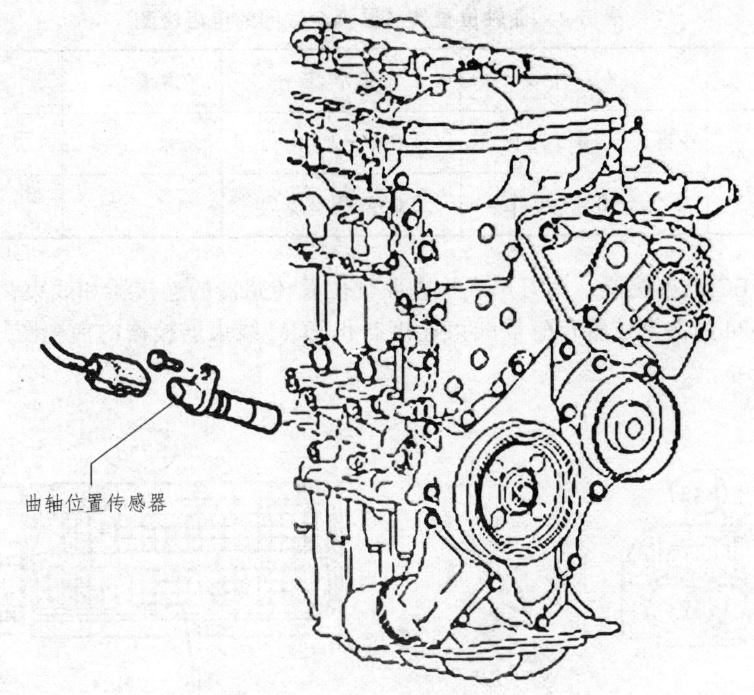

图 6-20　安装位置

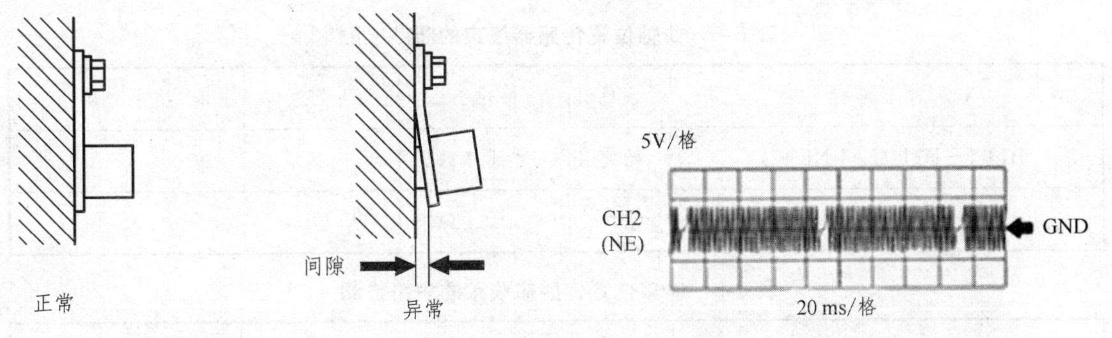

图 6-21　安装情况　　　　图 6-22　曲轴位置传感器的波形

表 6-3　曲轴位置传感器的安装位置

传感器	安装位置	接线	安装情况
曲轴位置传感器			

（2）启动发动机，在发动机暖机后怠速运转的条件下，用智能检测仪检测 ECM 的 NE + 和 NE – 端子，曲轴位置传感器的波形应如图 6-22 所示，且波长随发动机转速的增加而变短。否则，曲轴位置传感器及其线束存在故障，需进行下一步检修。

（3）断开蓄电池负极接线柱，断开曲轴位置传感器连接器，用万用表检测曲轴位置传感器耦合线圈的电阻，应符合规定。将结果写入表 6-4。

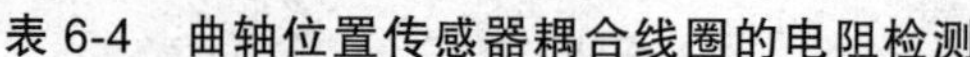

表 6-4　曲轴位置传感器耦合线圈的电阻检测

万用表连接	条　件	标准值	测量值	结果分析
2　1	冷态（−10 ~ 50 °C）	1 630 ~ 2 740 Ω		
	热态（50 ~ 100 °C）	2 065 ~ 3 225 Ω		

（4）断开 ECM 连接器，用万用表检查曲轴位置传感器的连接器和线束，应符合规定。图 6-23 和图 6-24 为曲轴位置传感器线束连接器和 ECM 线束连接器的前视图。将检测结果写入表 6-5 和表 6-6。

图 6-23　曲轴位置传感器线束连接器

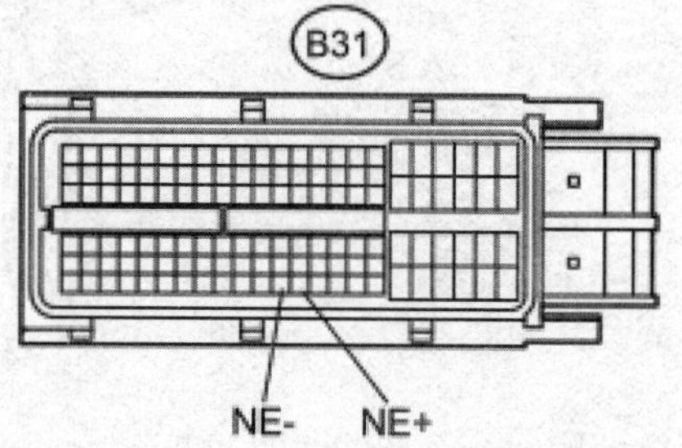

图 6-24　ECM 线束连接器

表 6-5　曲轴位置传感器线束的断路检测

万用表连接	条件	标准值	测量值	结果分析
B13-1 ~ B31-122（NE +）	始终	小于 1 Ω		
B13-2 ~ B31-121（NE −）	始终	小于 1 Ω		

表 6-6　曲轴位置传感器线束的短路检测

万用表连接	条件	标准值	测量值	结果分析
B13-1 或 B31-122（NE +）~ 车身搭铁	始终	大于 10 kΩ		
B13-2 或 B31-121（NE-）~ 车身搭铁	始终	大于 10 kΩ		

2. 凸轮轴位置传感器的检查

凸轮轴位置传感器由磁铁和磁阻元件（MRE）组成。VVT 凸轮轴主动齿轮有一个信号盘，信号盘的外圆周上有 3 个齿。齿轮旋转时，信号盘和耦合线圈的气隙会发生改变，从而影响磁铁。结果，MRE 材料的电阻就会发生波动。凸轮轴位置传感器将齿轮旋转数据转换为脉冲信号送至 ECM，来控制点火正时。凸轮轴位置传感器的电路如图 6-19 所示。

（1）如图 6-25 所示，在卡罗拉汽车上找到凸轮轴位置传感器的安装位置，检查凸轮轴位置传感器的安装情况并填入表 6-7。

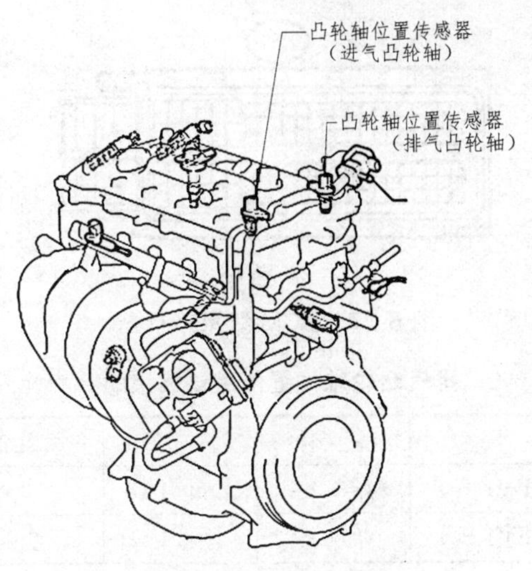

图 6-25　安装位置

表 6-7　凸轮轴位置传感器的安装位置

传感器	安装位置	接　线	安装情况
进气凸轮轴位置传感器			
排气凸轮轴位置传感器			

（2）启动发动机，在发动机暖机后怠速运转的条件下，用智能检测仪检测 ECM 的 EV1 + 和 EV1 – 端子，排气凸轮轴位置传感器的波形应为矩形方波，且波长随发动机转速的增加而变短。否则，排气凸轮轴位置传感器及其线束存在故障，需进行下一步检修。

（3）断开排气凸轮轴位置传感器连接器，图 6-26 所示为排气凸轮轴位置传感器线束连接器的前视图。用万用表检测排气凸轮轴位置传感器的电源电压，应符合规定。将结果写入表 6-8。

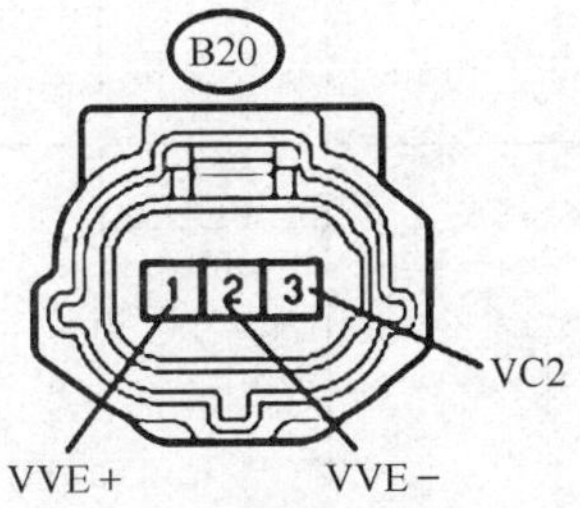

图 6-26　凸轮轴位置传感器线束连接器

表 6-8　排气凸轮轴位置传感器电源检测

万用表连接	条　件	标准值	测量值	结果分析
B20-3（VC2）~ 车身搭铁	点火开关置于 ON 位置	4.5 ~ 5.0 V		

（4）断开 ECM 连接器，用万用表检查排气凸轮轴位置传感器的连接器和线束，应符合规定。图 6-27 所示为 ECM 线束连接器的前视图。将检测结果写入表 6-9 和表 6-10。

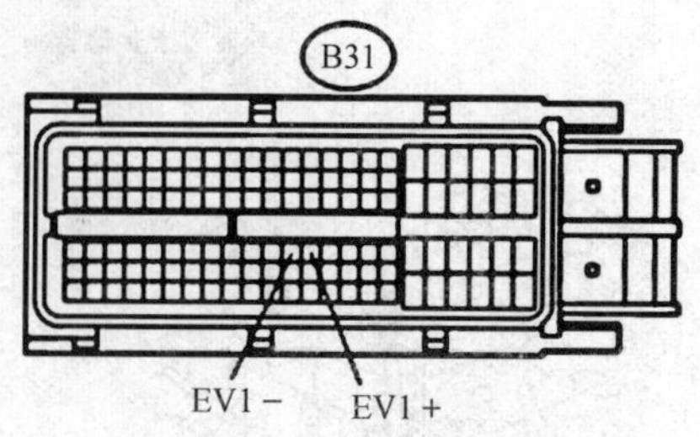

图 6-27　ECM 线束连接器

表 6-9　排气凸轮轴位置传感器线束的断路检测

万用表连接	条　件	标准值	测量值	结果分析
B20-1（VVE＋）~B31-76（EV1＋）	始　终	小于 1 Ω		
B20-2（VVE－）~B31-75（EV1－）	始　终	小于 1 Ω		

表 6-10　排气凸轮轴位置传感器线束的短路检测

万用表连接	条　件	标准值	测量值	结果分析
B20-1 或 B31-76（EV1＋）~ 车身搭铁	始　终	大于 10 kΩ		
B20-2 或 B31-75（EV1－）~ 车身搭铁	始　终	大于 10 kΩ		

3. 爆震传感器检测

爆震传感器包含一个压电元件，在发动机缸体因爆震而振动时，就会产生电压。爆震传感器的电路如图 6-28 所示。

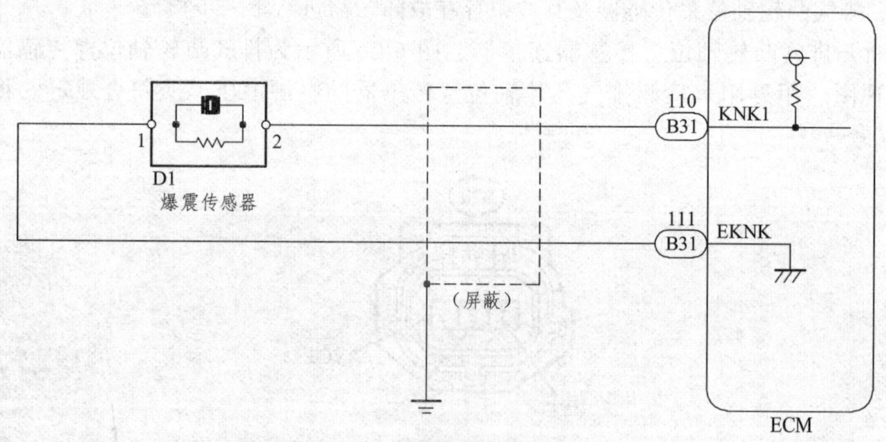

图 6-28　爆震传感器的电路

（1）在卡罗拉汽车上找到爆震传感器的安装位置，检查爆震传感器的安装情况并填入表 6-11。

表 6-11　爆震传感器的安装位置

传感器	安装位置	接线	安装情况
爆震传感器			

（2）启动发动机，在发动机暖机且转速保持在 4 000 r/min 时，用智能检测仪检测 ECM 的 KNKI 和 EKNK 端子，爆震传感器的波形应如图 6-29 所示。否则，爆震传感器及其线束存在故障，需进行下一步检修。

（3）断开爆震传感器连接器。如图 6-30 所示，用万用表检测爆震传感器的电阻，应符合规定。将结果写入表 6-12。

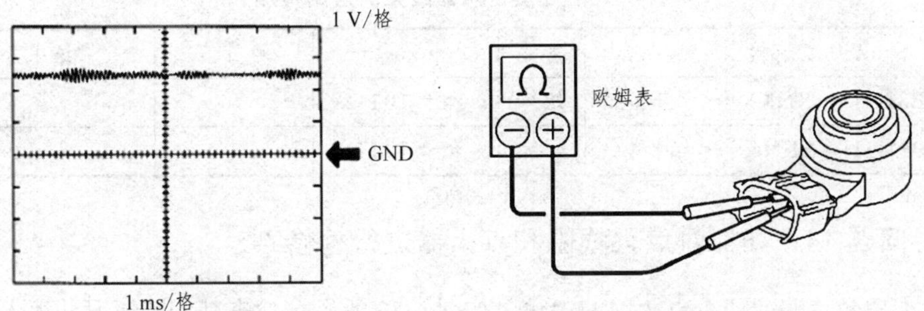

图 6-29　爆震传感器波形　　　　图 6-30　爆震传感器的检测

表 6-12　爆震传感器的检测

万用表连接	条　件	标准值	测量值	结果分析
D1-2 ~ D1-1	20 °C（68 °F）	120 ~ 280 kΩ		

（4）断开爆震传感器连接器，图 6-31 为爆震传感器线束连接器的前视图，图 6-32 为 ECM 线束连接器的前视图。将点火开关置于 ON 挡，用万用表检测 ECM 为爆震传感器提供的电压，应符合规定。将结果写入表 6-13。

图 6-31　爆震传感器线束连接器　　　　图 6-32　ECM 线束连接器

表 6-13　爆震传感器电压检测

万用表连接	条件	标准值	测量值	结果分析
D1-2 ~ D1-1	点火开关置于 ON 位置	4.5 ~ 5.5 V		

（5）断开 ECM 连接器，用万用表检查爆震传感器的连接器和线束，应符合规定。将检测结果写入表 6-14 和表 6-15。

表 6-14　爆震传感器线束的断路检测

万用表连接	条件	标准值	测量值	结果分析
D1-2～B31-110（KNK1）	始终	小于 1 Ω		
D1-1～B31-111（EKNK）	始终	小于 1 Ω		

表 6-15　爆震传感器线束的短路检测

万用表连接	条件	标准值	测量值	结果分析
D1-2 或 B31-110（KNK1）～车身搭铁	始终	大于 10 kΩ		
D1-1 或 B31-111（EKNK）～车身搭铁	始终	大于 10 kΩ		

引导问题 14：如何对点火线圈和点火器进行检修?

（1）卡罗拉汽车有四个点火线圈组件，如图 6-33 所示，检查其安装情况并填入表 6-16。

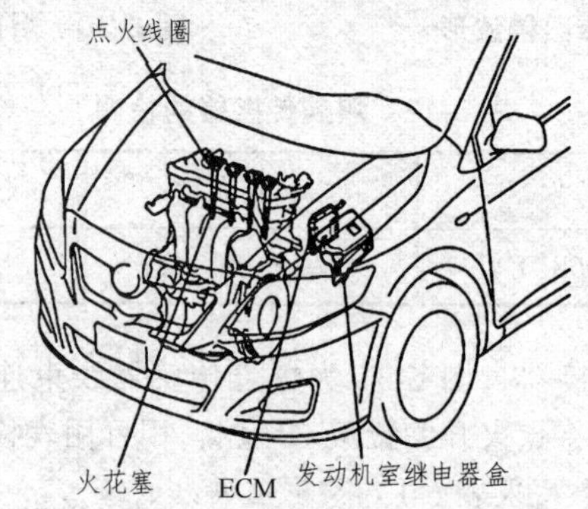

图 6-33　卡罗拉汽车点火线圈安装位置

表 6-16　点火线圈组件安装位置

元　件	安装位置	接　线	安装情况
点火线圈组件			

（2）启动发动机，在发动机暖机后怠速运转的条件下，用智能检测仪检测 ECM 的 IGT（1 至 4）和 E1 端子与 IGF 和 E1 端子，点火线圈组件的波形应如图 6-34 所示，且波长随发动机转速的增加而变短。否则，点火线圈组件、点火线圈电源电路及其线束存在故障，需进行下一步检修。

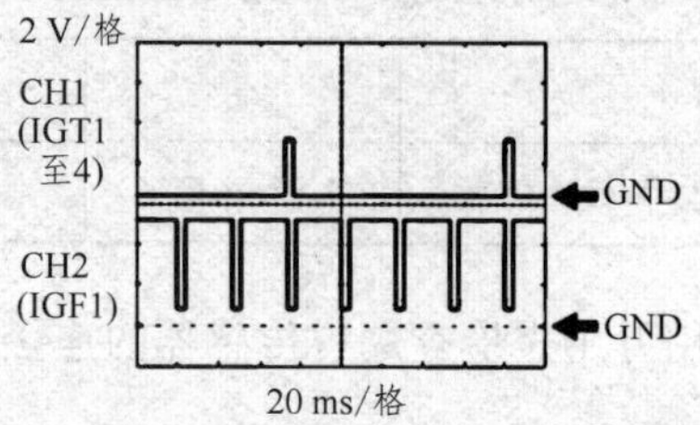

图 6-34　点火线圈组件输出波形

（3）断开点火线圈组件连接器，图 6-35 为点火线圈组件线束连接器的前视图，图 6-36 为 ECM 线束连接器的前视图。用万用表检测一缸点火线圈组件的电源电压，应符合规定。将结果写入表 6-17。

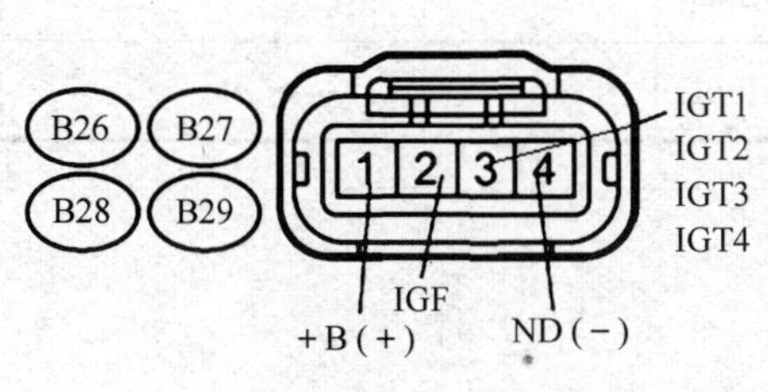

图 6-35　点火线圈组件线束连接器

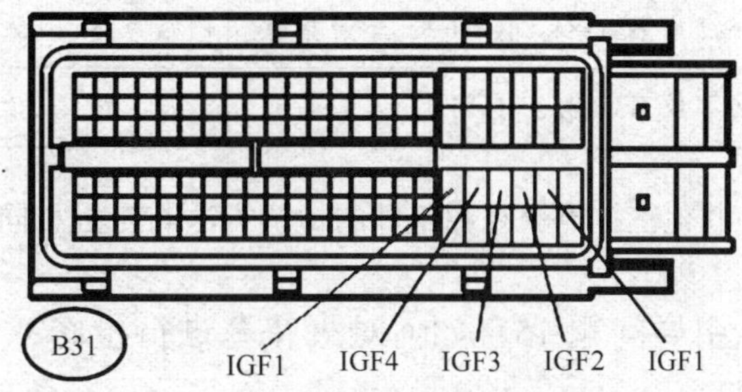

图 6-36　ECM 线束连接器

表 6-17　一缸点火线圈组件的电源检测

万用表连接	条　件	标准值	测量值	结果分析
B26-1（+B）~ B26-4（GND）	点火开关置于 ON 位置	9 ~ 14 V		

（4）断开 ECM 连接器，用万用表检查一缸点火线圈组件的连接器和线束，应符合规定。图 6-37 为发动机室继电器盒继电器线束前视图。将检测结果写入表 6-18 和表 6-19。

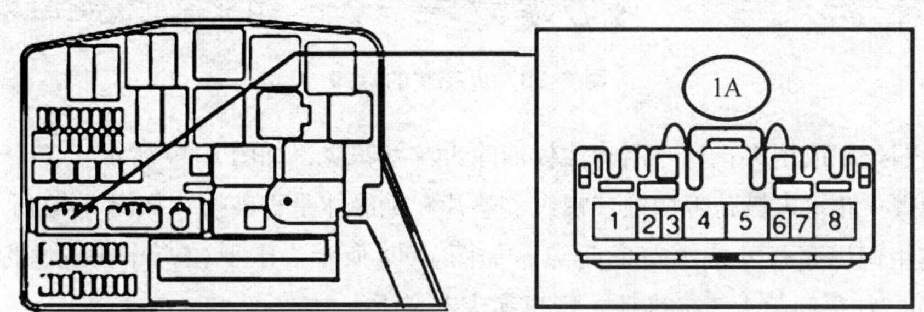

图 6-37　发动机室继电器盒继电器线束前视图

表 6-18　一缸点火线圈组件线束的断路检测

万用表连接	条　件	标准值	测量值	结果分析
B26-1（+B）~ 1A-4	始　终	小于 1 Ω		
B26-2（IGF）~ B31-81（IGF1）	始　终	小于 1 Ω		
B26-3（IGT1）~ B31-85（IGT1）	始　终	小于 1 Ω		
B26-4（GND）~ 车身搭铁	始　终	小于 1 Ω		

表 6-19　一缸点火线圈组件线束的短路检测

万用表连接	条　件	标准值	测量值	结果分析
B26-1（+B）或 1A-4 ~ 车身搭铁	始　终	大于 10 kΩ		
B26-2 或 B31-81（IGF1）~ 车身搭铁	始　终	大于 10 kΩ		
B26-3 或 B31-85（IGT1）~ 车身搭铁	始　终	大于 10 kΩ		

其他三缸点火线圈组件的检测方法与一缸相同。

引导问题 15：如何对火花塞进行检修?

火花塞在使用中，其电极及裙部绝缘体会有正常的积炭产生，如果这些积炭长期不予清洁，会越积越多，最终导致电极漏电甚至不能跳火。同时，火花塞还容易出现绝缘体破损，电极烧蚀导致间隙过大等。

（1）火花塞的拆卸。如图 6-38 所示，断开点火线圈组件的连接器，拆下点火线圈组件，用火花塞套筒拆下火花塞及垫圈。

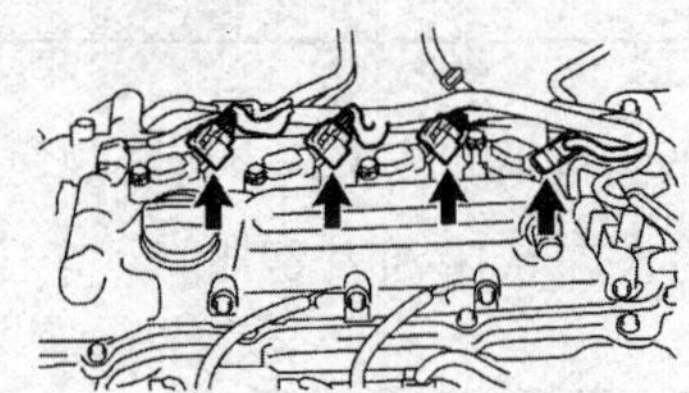
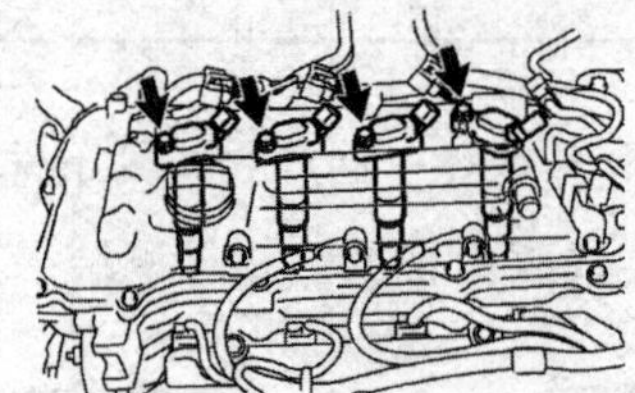
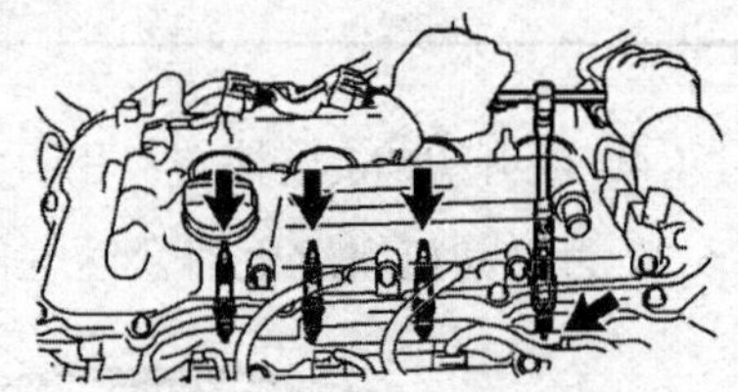

图 6-38　火花塞的拆卸

（2）用铜丝刷或用火花塞专用清洁仪清除火花塞积炭，如图 6-39 所示。

（3）检查火花塞电极是否烧蚀，螺纹、垫片和绝缘体是否破损，如图 6-40 所示。

（4）使用间隙量规检查火花塞间隙，如图 6-41 所示。卡罗拉汽车火花塞标准间隙为 1.0 ~ 1.1 mm，如果间隙大于标准值，则更换火花塞。

图 6-39　清洁火花塞

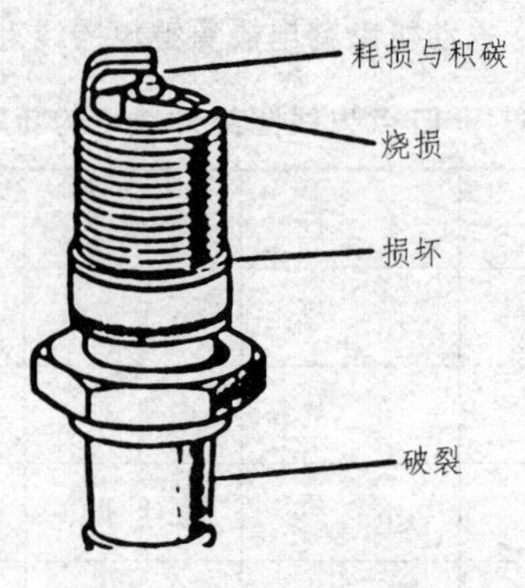

图 6-40　检查火花塞

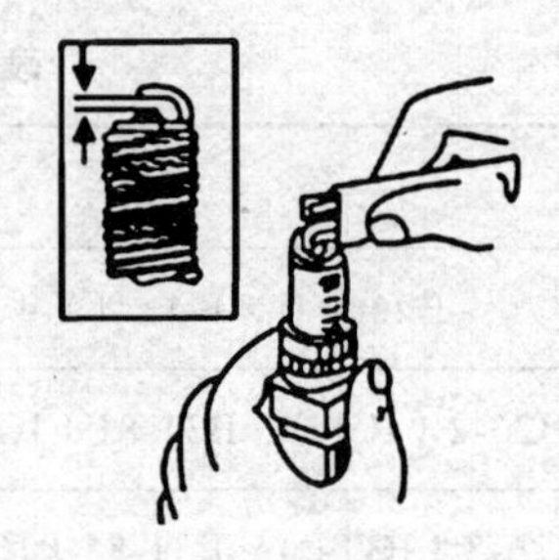

图 6-41　火花塞间隙检查

三、评价与反馈

1. 任务实施考核成绩评定（见表 6-20）

表 6-20　点火系统元件检修考核表

考核项目及分值	考核内容	评分标准	评分记录
准备工作（10 分）	1. 清洁工量具及工作台 2. 套上转向盘护套、变速杆手柄套和座位套，铺设脚垫 3. 安装三件套	1. 未清洁工量具及工作台扣 2 分 2. 未套上转向盘护套、变速杆手柄套和座位套，未铺设脚垫，一项扣 2 分 3. 未安装三件套扣 5 分	
点火系统传感器检测（30 分）	1. 曲轴位置传感器检测 2. 凸轮轴位置传感器检测 3. 爆震传感器检测	1. 检测方法不对扣 5～10 分 2. 漏检一项扣 10 分 3. 检测结果分析错误扣 5 分	
检测点火线圈组件（30 分）	1. 检测点火线圈组件的波形 2. 检测点火线圈组件的线束	1. 检测方法不对扣 5～10 分 2. 漏检一项扣 10 分 3. 检测结果分析错误扣 5 分	
检测火花塞（20 分）	1. 火花塞的拆卸 2. 清除火花塞积炭 3. 火花塞间隙的检测	1. 积炭清除方法不对扣 5～10 分 2. 检测结果分析错误扣 5 分	
收尾工作（10 分）	1. 清洁工具、量具、工作台 2. 工量具应摆放整齐	1. 未清洁扣 1～3 分 2. 未摆放整齐扣 1 分	
考核时限（10 分）	完成全部考核内容规定用时为 20 min	1. 超时每分钟扣 5 分 2. 超时 5 分钟即停止记分	

2. 任务过程评价与反馈（见表 6-21 和表 6-22）

表 6-21　任务过程评价表

考核项目	评分标准	分数	成绩	过程评价
劳动纪律	有无迟到、早退和旷工	5		
团队合作	是否和谐	5		
活动参与	是否精彩	5		
安全生产	有无安全隐患	10		
操作过程	是否正确、熟练	30		
任务质量	是否圆满完成	10		
工具、设备使用	是否规范、标准	10		
工作页填写	是否完整、规范	15		
现场 5S	是否做到	10		
总　分		100		

注：没有按照操作流程操作，出现人身伤害或设备严重事故，本任务考核结果为 0 分。

表 6-22　任务过程反馈表

反馈内容	回答
你是否完成本学习任务，并得到老师的确认？	
你是否能准确有效地收集、分析和组织完成资料，正确地交流信息？	
你是否已经掌握预期的知识和必备的技能？	
你是否充分使用学习资源和按计划有组织地达成目标？	
操作完成水平： 上述表格中的项目应为肯定回答。若不是，应咨询老师。你可以要求附加相关活动，以便完成相关的操作技能。 教师签字：________ 学生签字：________ 完成日期：________	

四、学习拓展

1. 查阅资料，分析微机控制点火系统的分电器有哪些常见故障，该如何检测？

2. 查阅资料，分析微机控制点火系统的高压线有哪些常见故障，该如何检测？

学习任务七　点火系统电路检修

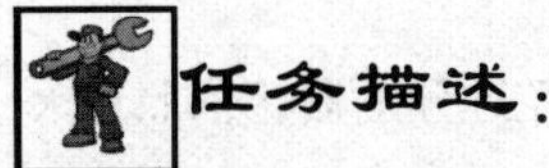

任务描述：

一辆 2007 年生产的丰田卡罗拉在怠速时发动机有抖动现象，且故障指示灯常亮，初步判断故障原因为某缸缺火。请对点火系统进行检查，如有必要进行修理或更换。

学习目标：

通过本学习任务的学习，应当能：

（1）了解微机控制点火系统的类型；

（2）知道微机控制点火系统的工作原理；

（3）分析微机控制点火系统的电路工作过程；

（4）小组密切合作，规范诊断微机控制点火系统常见故障；

（5）小组密切合作，规范完成微机控制点火系统电路的检修。

建议学时：14 课时

学习内容：

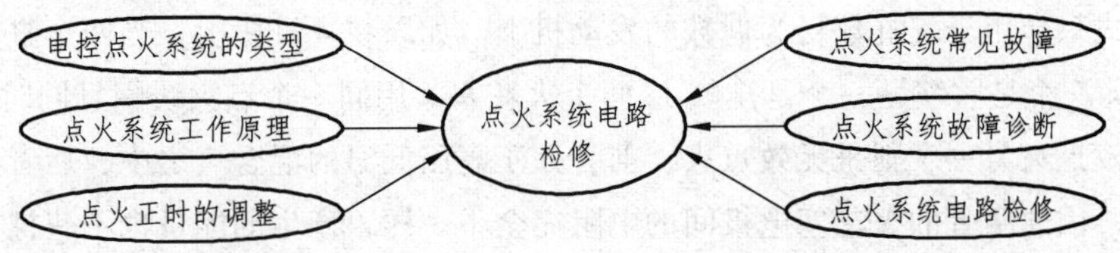

一、任务准备

引导问题 1：微机控制的点火系统有哪些类型?

按高压电配电方式，微机控制点火系统（电控点火系统）可以分为两大类：一类是有分电器的，称为非直接点火系统；一类是无分电器的，称为直接点火系统（DIS）。

1. 非直接点火系统

该系统仍然保留分电器，如图 7-1 所示。点火线圈产生的高压电经过分电器，依照点火顺序适时地分配至各气缸，使各缸火花塞依次点火。

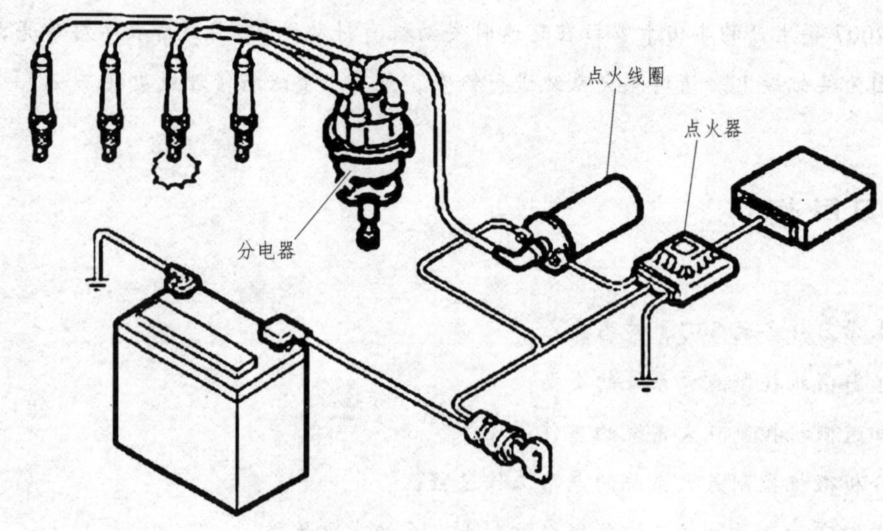

图 7-1　非直接点火系统

2. 直接点火系统

直接点火系统取消了分电器，该系统中点火线圈上的高压线直接与火花塞相连，工作时，点火线圈产生的高压电直接送至各火花塞，由微机根据各传感器输入的信息，依照发动机的点火顺序，适时地控制各缸火花塞点火。无分电器点火系统由于废除了分电器，因此不存在分火头和旁电极间跳火的问题，减小了能量损失；不存在分火头与旁电极之间产生火花问题，电磁干扰小，节省了安装空间。直接点火系统又可分为以下两类：

（1）同时点火方式：双缸点火方式指两个气缸合用一个点火线圈，如图 7-2 所示。因此这种点火方式只能用于气缸数目为偶数的发动机上。如果在 4 缸机上，当两个缸活塞同时接近上止点时（一个是收缩另一个是排气），两个火花塞共用同一个点火线圈且同时点火，这时候一个是有效点火另一个则是无效点火，前者处于高压低温的混合气之中，后者处于低压高温的废气中，因此两者的火花塞电极间的电阻完全不一样，产生的能量也不一样，导致有效点火的能量大得多，约占总能量的 80% 左右。

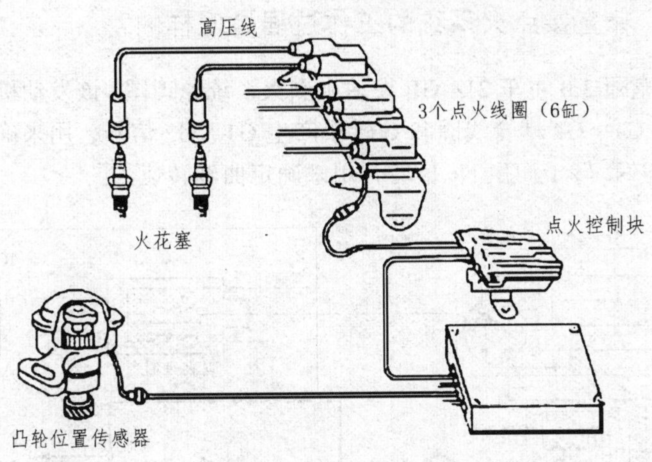

图 7-2　同时点火系统

同时点火方式又分为点火线圈配电方式和二极管配电方式两种。点火线圈配电方式是一种直接用点火线圈分配高压电的同时点火方式；二极管配电方式是利用二极管的单向导通特性，对点火线圈产生的高压电进行分配的同时点火方式。

（2）独立点火方式：独立点火方式是每一个气缸分配一个点火线圈，点火线圈直接安装在火花塞上的顶上，如图 7-3 所示。这种点火方式通过凸轮轴传感器或通过监测气缸收缩来实现精确点火，它适用于任何缸数的发动机，特别适合每缸 4 气门的发动机应用。因为火花塞点火线圈组合可安装在双顶置凸轮轴（DOHC）的中间，充分利用了间隙空间。

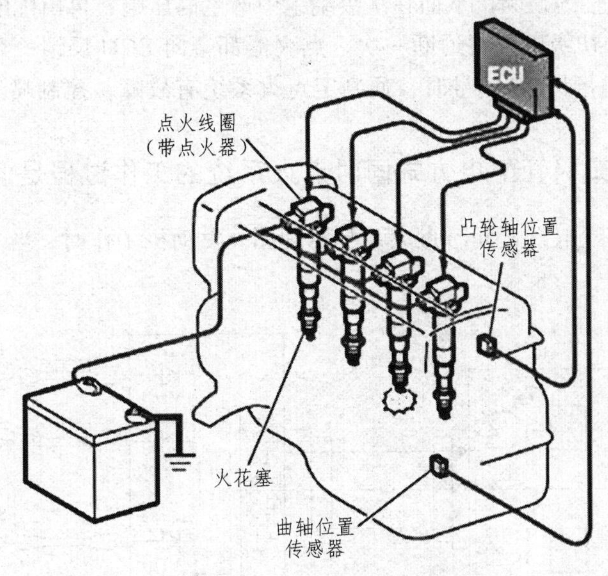

图 7-3　独立点火系统

由于取缔了分电器和高压线，能量传导损失及漏电损失极小，没有机械磨损，而且各缸的点火线圈和火花塞装配在一起，外用金属包裹，大幅减少了电磁干扰，可以保障发动机电控系统的正常工作。

引导问题 2：非直接点火系统的工作过程是怎样的？

图 7-4 为丰田皇冠 3.0 轿车 2JZ-GE 发动机点火系统原理图。该发动机曲轴位置传感器装在分电器内，其中 G1、G2 耦合线圈和 G 转子产生 G1、G2 信号，用来确定活塞上止点的位置；Ne 耦合线圈和 Ne 转子产生 Ne 信号，用来确定曲轴转速。

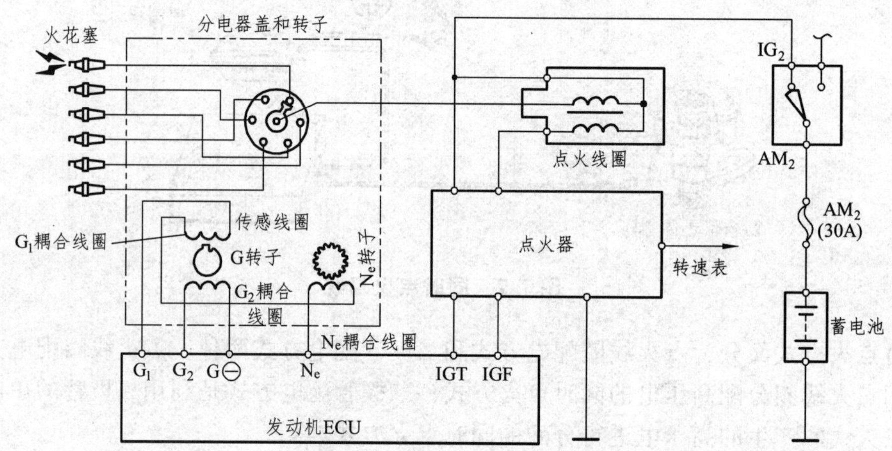

图 7-4　丰田皇冠 3.0 轿车 2JZ-GE 发动机点火系统原理

发动机工作时，ECU 根据发动机转速和负荷等传感器信号确定出最佳点火提前角，根据曲轴位置传感器信号确定出各缸活塞的位置，并在适当时刻向点火器输出点火信号 IGT，控制点火线圈初级电路周期性地通断，从而在次级绕组中产生高压电，再由配电器分配到各缸点火。

在点火过程中，初级电路每通断一次，点火器都会向 ECU 反馈一个点火确认信号 IGF。当 ECU 连续 6 次收不到 IGF 信号时，便判定点火系统有故障，控制喷油器停止喷油。

引导问题 3：二极管配电方式同时点火系统的工作过程是怎样的？

图 7-5 为二极管配电方式同时点火系统原理图。发动机工作时，当 1、4 缸点火触发信号

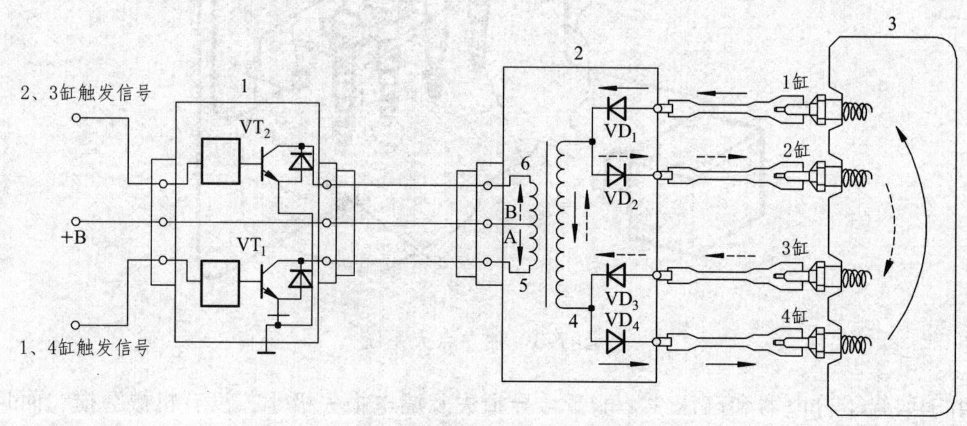

图 7-5　二极管配电方式同时点火系统原理

1—点火控制器；2—点火线圈；3—发动机气缸盖；4—次级绕组；5—初级绕组 A；6—初级绕组 B

输入点火器时，功率三极管 VT_1 截止，初级绕组 A 断开，在次级绕组中产生电动势 E_1，在该电动势作用下，二极管 VD_1、VD_4 正向导通，1、4 缸火花塞跳火；VD_2、VD_3 反向截止，2、3 缸不跳火。

当 2、3 缸点火触发信号输入点火器时，功率三极管 VT_2 截止，初级绕组 B 断开，在次级绕组中产生电动势 E_2，在该电动势作用下，二极管 VD_2、VD_3 正向导通，2、3 缸火花塞跳火；VD_1、VD_4 反向截止，1、4 缸不跳火。

引导问题 4：点火线圈配电方式同时点火系统的工作过程是怎样的？

图 7-6 为丰田皇冠轿车无分电器同时点火系统原理图。发动机工作时，ECU 根据 G_1 为基准可以利用 Ne 信号计算出其后 3 个缸（6、2、4）的点火时刻，以 G_2 为基准可以利用 Ne 信号计算出其后 3 个缸（1、5、3）的点火时刻，将这 6 个缸的点火信号以脉冲的形式输出 IGT 信号。点火控制器接收到 IGT 信号，按点火顺序依次控制功率三极管导通或截止，使初级电路周期性地通断，次级点火线圈周期性地产生高压，高电压使配对的两缸火花塞跳火。

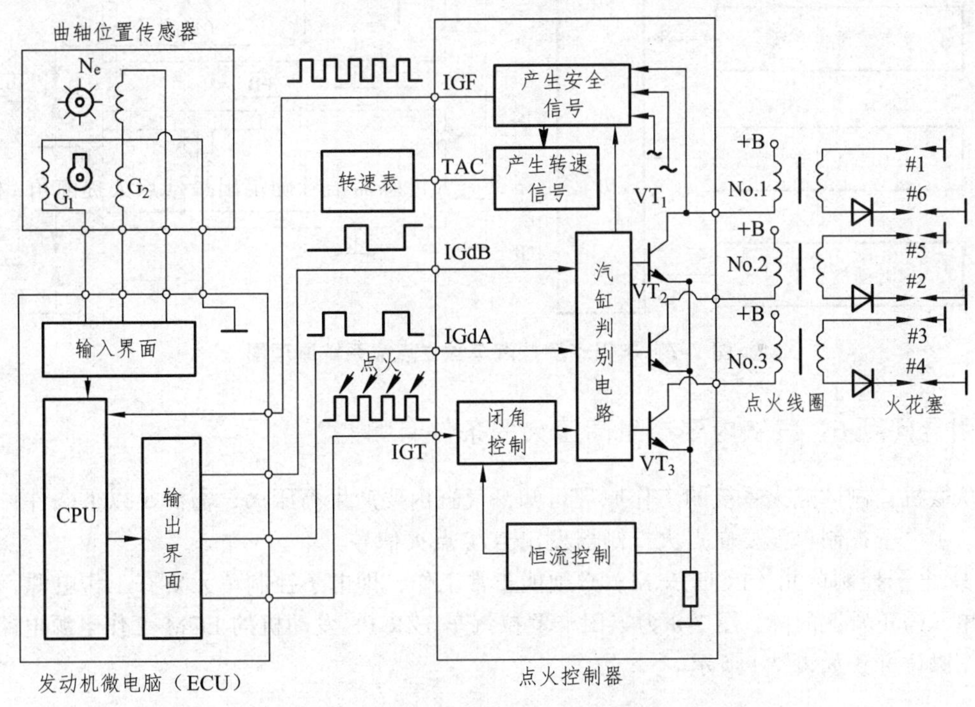

图 7-6　丰田皇冠轿车无分电器同时点火系统原理

引导问题 5：独立点火系统的工作过程是怎样的？

丰田卡罗拉汽车独立点火系统如图 7-7 所示。ECM（电子控制单元）根据凸轮轴位置传感器判定一缸上止点的位置，根据发动机的转速和负荷，确定一个基本点火提前角，再根据发动机水温、海拔高度、发动机的爆震、加减速、怠速稳定、各种负荷（空调、电子负荷等）信息对点火提前角进行修正。ECM 发出 IGT 信号到点火控制器内的功率三极管，功率三极管切断点火线圈的初级线圈搭铁，使次级线圈产生高压电，击穿火花塞电极，在电极间产生电火花，点燃可燃混合气，同时点火器向 ECM 反馈一个点火确认信号 IGF。ECM 根据发动机运行工况调整点火提前角，使发动机的点火提前角始终处于最佳状态。

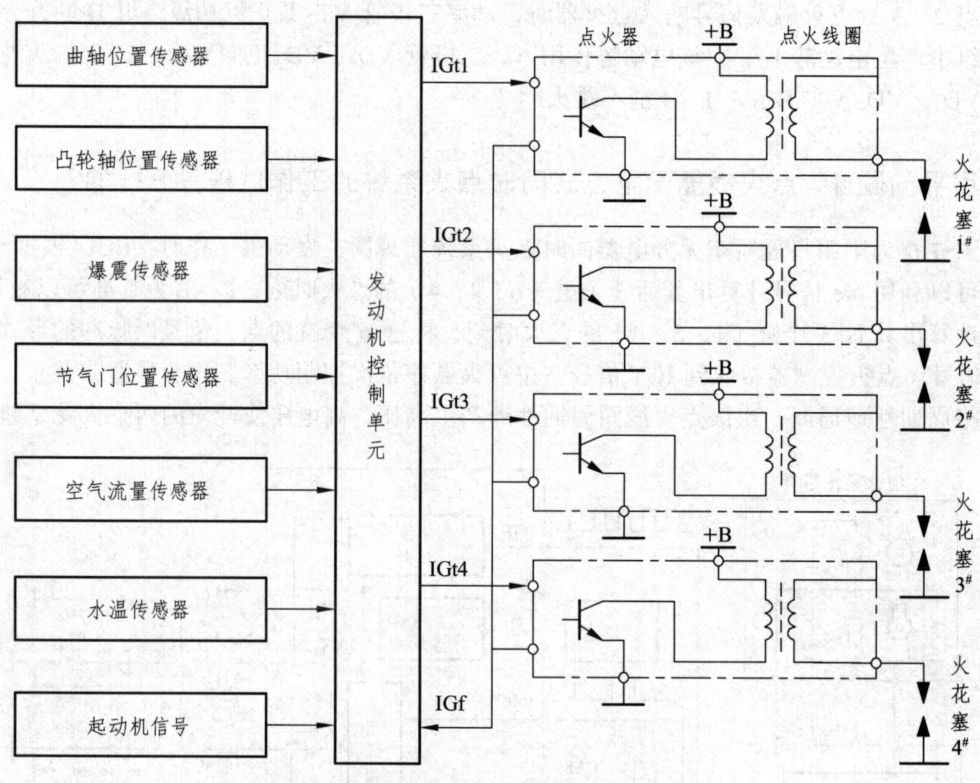

图 7-7　丰田卡罗拉汽车独立点火系统原理图

引导问题 6：气缸内要产生高压火的条件有哪些？

从微机控制的点火系统的工作原理可知，气缸内要产生高压火，需满足以下条件：

（1）电子控制单元要向点火控制器发出 IGT 点火信号。

① 电子控制单元（ECU/ECM）必须能正常工作，即电子控制单元要有工作电源，电子控制单元需正常无故障。图 7-8 为丰田卡罗拉汽车 1ZR-FE 发动机的 ECM 工作电源电路。其电路图脚位标识如表 7-1 所示。

表 7-1　ECM 电路图脚位标识

序号	名　称	中　文	作　用
1	BATT	常电源	记忆故障码与记忆驾驶习惯
2	IG-SW	点火开关电源	向 ECM 提供 12 V 信号电源
3	M-REL	控制主电继电器	延时功能
4	+B　+B2	工作电源	向 ECM 提供 12 V 工作电源
5	E1	搭　铁	向 ECM 提供搭铁，与蓄电池构成回路

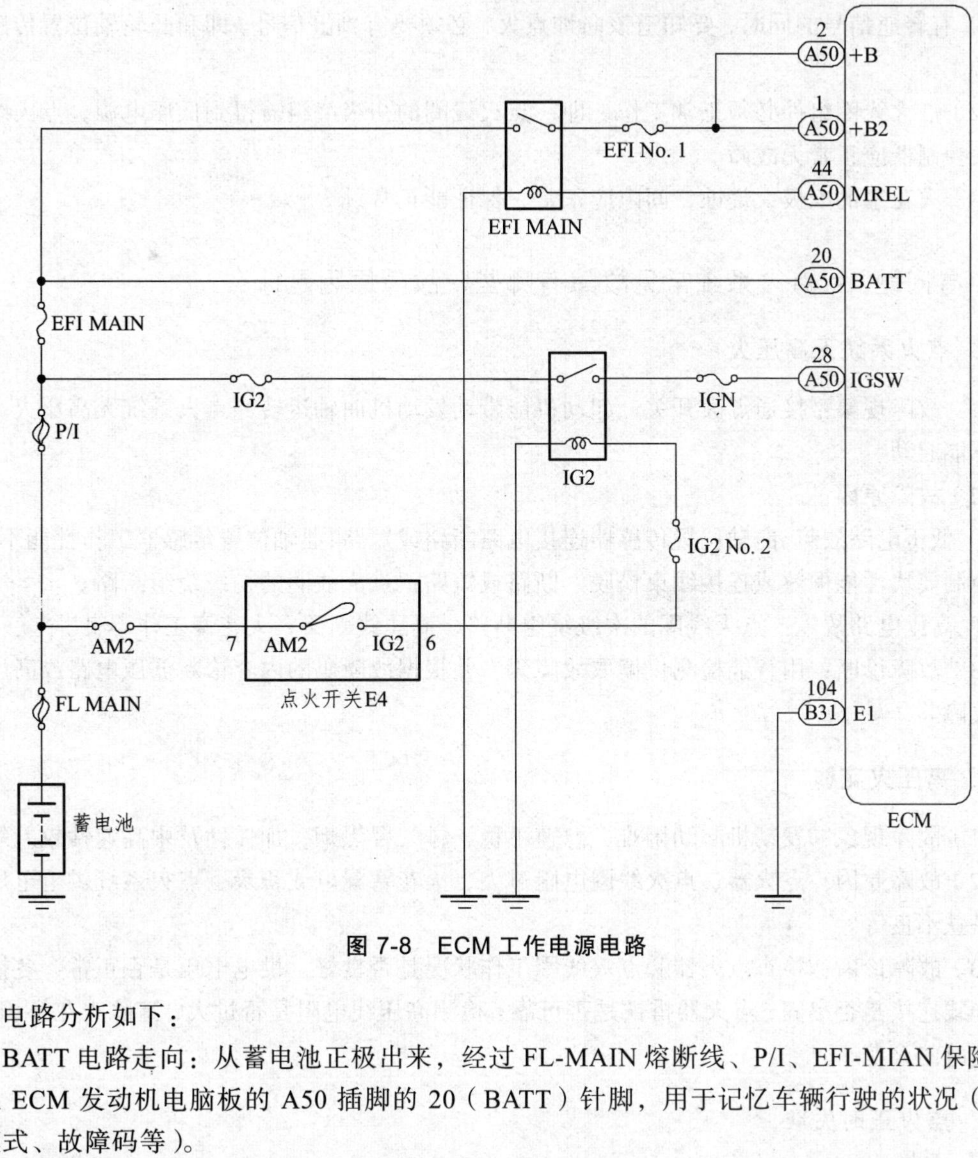

图 7-8　ECM 工作电源电路

电路分析如下：

BATT 电路走向：从蓄电池正极出来，经过 FL-MAIN 熔断线、P/I、EFI-MIAN 保险丝，进入 ECM 发动机电脑板的 A50 插脚的 20（BATT）针脚，用于记忆车辆行驶的状况（如驾驶模式、故障码等）。

IG-SW 电路走向：从蓄电池正极出来，经过 FL-MAIN、P/I、IG2 保险丝，再由点火开关控制 IG2 继电器工作、IGN 保险丝，进入 ECM 发动机电脑板的 A50 插脚的 28（IGSW）针脚，向 ECM 提供电源信号。

M-REL 电路走向：从 ECM 发动机电脑板的 A50 插脚的 44（MREL）针脚出来，控制 EFI-MIAN 主继电器工作，主要用于延时功能控制。

ECM 工作电源的走向：从蓄电池正极出来，经过 FL-MAIN、P/I、EFI-MIAN 保险丝、EFI-MIAN 主继电器 EFI No.1 保险丝，进入 ECM 发动机电脑板的 A50 插脚的 1（+B）、2（+B2）针脚。

ECM 内部电路的控制：工作电源首先经过稳压管进入 ECM，同时，向内部变压电路提供工作电源，通过内部晶体管进行变压，把 12 V 变成 5 V 电压，向传感器提供工作电源。

② 发动机在运转，有转速信号，即曲轴位置传感器需正常工作。

③ 有转速信号的同时，要知道该向谁点火，必须要有判缸信号。即和凸轮轴位置传感器需正常工作。

（2）点火线圈组件必须正常工作。即：点火线圈的初级绕组需得到低压电源，点火线圈和点火控制器应正常无故障。

（3）火花塞的电极无烧蚀，间隙应正常，保证能正常跳火。

引导问题 7：点火系统常见故障有哪些，故障原因是什么？

1. 点火系统无高压火

（1）故障现象：接通点火开关，起动机能带动发动机曲轴运转，点火系统无高压火，发动机不能起动。

（2）故障原因：

① 低压电路故障。曲轴位置传感器连接电路断路或短路；曲轴位置传感器工作性能不良；点火控制模块性能失效或连接线束松脱、断路或短路；点火线圈的初级绕组断路。

② 高压电路故障：点火线圈的次级绕组断路；高压线断路；火花塞工作不良。

（3）故障诊断：用智能检测仪读取故障码，并根据故障码的内容诊断低压电路或高压电路的故障。

2. 高压火花弱

（1）故障现象：发动机起动困难，怠速不稳，排气冒黑烟，加速性及中高速性较差等。

（2）故障原因：点火器、点火线圈电阻过大，火花塞漏电或积炭，点火系统供电电压不足或搭铁不良等。

（3）故障诊断：检查点火器和点火线圈工作状况是否良好，供电电压是否正常，各插接件及导线连接是否牢固，点火器搭铁是否可靠；检测高压线电阻是否过大；清除火花塞积炭，更换漏电的火花塞。

3. 点火正时失准

（1）故障现象：发动机不易起动，怠速不稳；发动机动力不足，水温偏高；发动机易爆易燃等。

（2）故障原因：初始点火提前角调整不当；点火基准传感器和曲轴转角与转速传感器不良或安装位置不正确。

（3）故障诊断：检查初始点火提前角并按规定予以调整。影响发动机点火正时失准的主要零部件是发动机点火基准传感器和曲轴转角与转速传感器，因此应特别检查信号装置是否变形、歪斜，信号采集与输出部分安装有无不当，装置间隙是否合适等。对于点火提前角控制系统故障，若故障灯已变亮，应先用本车的故障自诊断操作程序调出故障码，再根据故障码的含义，排除其故障。重点应检查发动机水温传感器、爆燃传感器。另外，进气管压力传感器、空气流量传感器、节气门位置传感器等工作不良时，也会造成点火正时不准。

4. 点火性能随工况变化

（1）故障现象：低速工作正常，高速时失速；温度低时正常，温度高时不正常；刚起步时正常，工作一段时间后出现故障等。

（2）故障原因：点火基准传感器和曲轴转角与转速传感器等安装松动；电路连接器件接触不良；点火器热稳定性差；点火线局部损坏或击穿，高压线电阻过大等。

（3）故障诊断：检查各有关部件安装有无松动，电路连接是否牢固、可靠，点火器、点火线圈是否异常；检查或更换高压线、火花塞等。

5. 个别缸不工作

（1）故障现象：发动机在各种转速运转时，消声器均发出有节奏的声音；发动机运转不稳、抖动；有时有“回火”、“放炮”现象，排气管冒黑烟；动力下降，怠速不稳易熄火。

（2）故障原因：个别高压分线脱落或漏电；分电器凸轮磨损不均匀。分电器轴松旷偏摆；个别火花塞工作不良；高压线插错。

（3）故障诊断：查看高压分线有无脱落、漏电或插错；在发动机中、低速时，作逐缸断火试验。若某缸断火后发动机转速明显下降或熄火，表明该缸工作良好；若某缸断火后，发动机无任何变化，表明该缸工作不良；拔出不工作缸的高压分线或拆下点火线圈，装上正常的火花塞作跳火试验，如图 7-9 所示。若有火，则为该缸火花塞工作不良或发动机机械故障；若无火，应检查该缸的旁插孔或高压分线是否漏电；检查分电器凸轮是否磨损不均匀或上下窜动；检查点火线圈及其电路是否断路或短路。

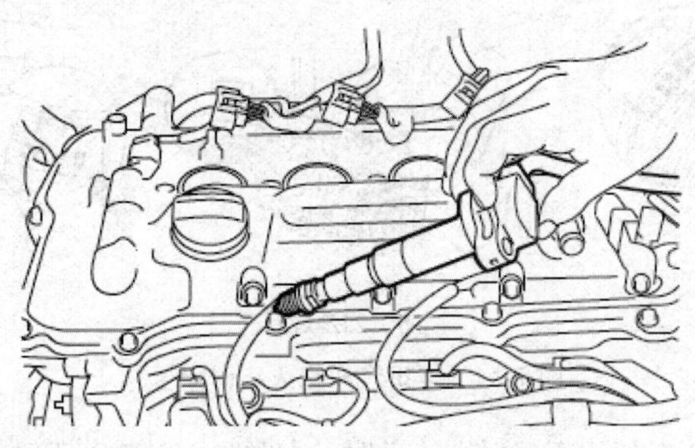

图 7-9　跳火实验

> **小提示：** 进行火花测试时，需断开喷油器电磁阀插头。

引导问题 8：如何检查和调整微机控制的点火正时？

1. 安装点火正时灯

对非独立点火的发动机来说，可采用感应式正时灯，将感应头夹在第一缸的点火高压线上，如图 7-10 所示。

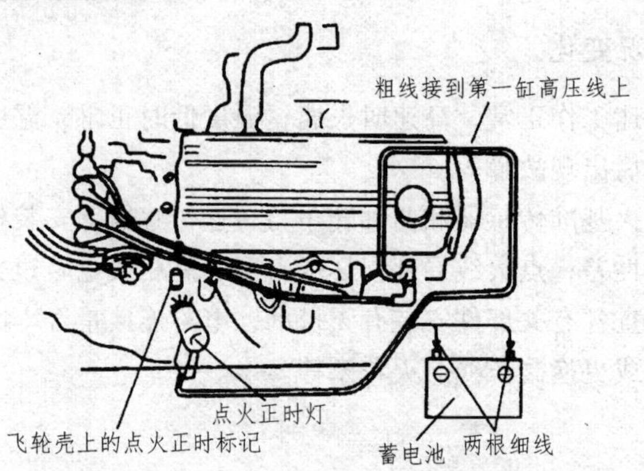

图 7-10　点火正时灯的连接

对采用独立点火的发动机来说，由于该点火系统没有高压线，无法从高压线上通过感应来获取点火信号，因此，不能使用普通的次级电压感应式正时灯，而需使用初级电流检测式正时灯。在功率三极管组件与点火线圈之间的连接线束中，将正时灯的传感器安装于第一缸初级导线上。

2. 检查点火时间

将变速器置停车挡或空挡启动发动机，在发动机充分暖机后，使节气门位置传感器中的怠速触点开关处于闭合状态，且确认发动机的转速符合怠速转速规定值（700 r/min）；然后用正时灯照射曲轴皮带轮上的点火正时记号及刻度，如图 7-11 所示。

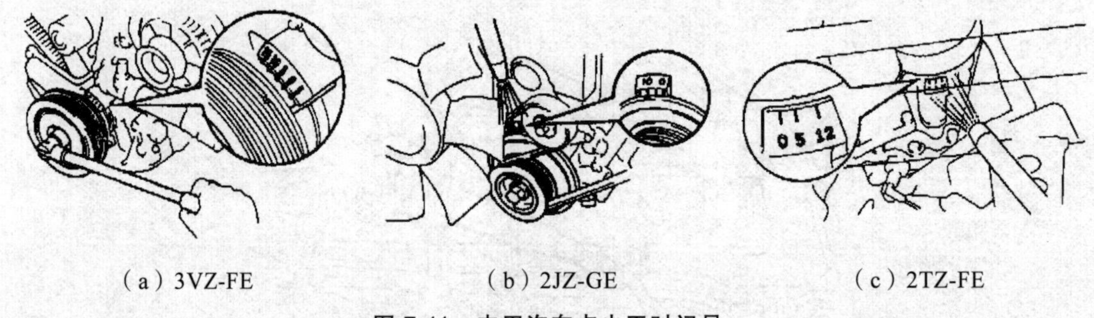

（a）3VZ-FE　（b）2JZ-GE　（c）2TZ-FE

图 7-11　丰田汽车点火正时记号

若正时灯闪光与正时标记正好对准，说明点火时刻正时；若正时灯闪光出现在正时标记的前方，说明点火过早；反之则点火过迟。调整正时灯上电位计使两标记对齐，则正时灯上指示的读数即为发动机怠速时的点火提前角。正常的点火提前角为 12° 左右（视具体车型而定）。

3. 调整点火提前角

一般微机控制的发动机点火提前角可以自动稳定在规定值，一般不需要人工调整。当确有必要进行调整时，可拧松曲轴位置与转角传感器的安装螺栓，通过旋转曲轴位置与转角传感器本体，可对点火提前角进行调整。逆时针转动传感器本体，点火提前角增大，反之减小。调整完毕后，应将其中的 1 个安装螺栓贴上封印标记。

二、任务实施

引导问题 9：对点火系统电路检修，需要使用的设备、工具和量具有哪些？

对点火系统电路检修需要使用的主要工量具有：卡罗拉轿车、维修手册、万用表、智能检测仪、世达 56 件套、转向盘护套、变速杆手柄套、手制动杆罩、座位套、脚垫、翼子板和前格栅磁力护裙等。

引导问题 10：在对点火系统电路检修前，应做哪些准备工作？

（1）清洁工位，准备好相关的工量具。

（2）打开车门，套上方向盘罩、脚垫、驾驶员座椅罩、变速杆罩及手制动杆罩，如图 7-12 所示。

（3）将汽车停驻在举升机中央位置，拉紧驻车制动器操纵杆，并将变速杆置于空挡位置，安装好车轮挡块，如图 7-13 所示。

图 7-12　套上室内五件套

图 7-13　汽车停驻在举升机中央位置

（4）在车内拉动发动机舱盖手柄，如图 7-14 所示。

（5）在车外打开并支撑发动机舱盖，装好三件套，拆卸发动机后部右侧底罩、散热器上空气导流罩、2 号气缸盖罩，如图 7-15 所示。

图 7-14　拉动发动机舱盖手柄

图 7-15　安装三件套

引导问题 11：当点火系统出现故障时如何检修?

点火系统出现故障时，会导致发动机不能着车、起动困难、怠速不稳和加速不良等故障现象。点火系统检修时用智能检测仪对故障代码和数据流进行读取，能快速确定故障点，方便故障排除。点火系统故障检修步骤如下：

（1）将智能检测仪连接到 DLC3（诊断座）。

（2）按仪器开始电源，系统初始化，如图 7-16 所示。

图 7-16　用智能检测仪进行故障诊断

（3）进入车型系统功能选择界面。

（4）进入故障码的读取。

（5）进行数据流的读取，分析故障原因。表 7-2 为点火系统出现故障时常见的故障症状与故障代码。

表 7-2　点火系统出现故障时的故障症状与故障代码

故障症状	故障代码	故障灯	原因分析
无初始燃烧 （不能起动）	P0560	亮	ECM 电源电路
	P0607	亮	VC 输出电路
	P0335	亮	曲轴位置传感器
发生间歇性不完全燃烧 （不能起动）	P0351.P0352.P0353.P0354	亮	点火系统 点火电路
怠速不稳	P0351.P0352.P0353.P0354	亮/闪烁	点火系统 点火电路
喘抖/加速不良 （操作性能差）	P0327.P0328	亮	爆震传感器

（6）进行自检系统的测试。

（7）确定故障症状。

（8）调整或修理。

（9）重新自检测试，确认故障排除。

（10）结束。

引导问题 12：对点火系统检修时有哪些注意事项？

（1）在进行检测流程时，必须确保 ECM 有 12 V 工作电源。确认 ECM 有无工作电源的方法如表 7-3 所示。

表 7-3　ECM 有无工作电源的确认方法

序　号	条　件	现　象
1	点火开关 ON 挡	发动机故障灯点亮
2	点火开关 ON 挡	传感器有 5 V 工作电源
3	点火开关 ON 挡	会听到油泵有瞬间的工作（一般 2～5 s）
4	点火开关 ON 挡	踩下油门踏板，电子节气门会工作

当点火开关打到 ON 挡时，如果与表 7-3 的现象不符，则应对 ECM 的电源电路进行检修。检测步骤如图 7-17 所示。

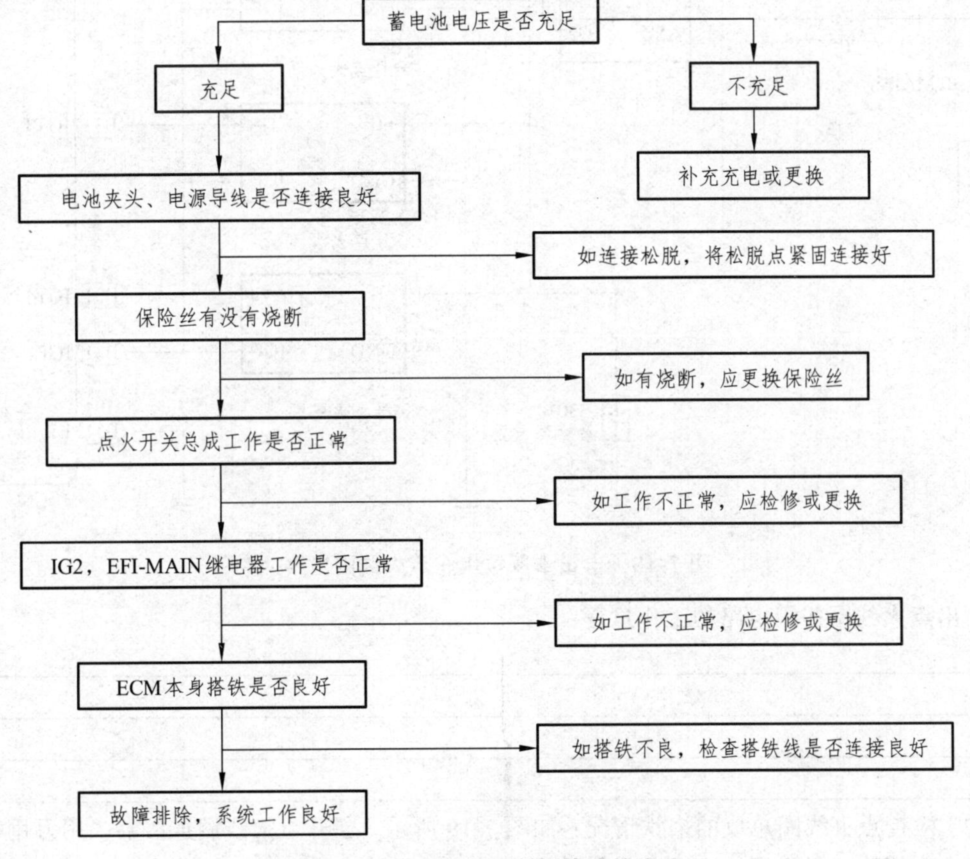

图 7-17　ECM 电源电路故障的排除

（2）进行检测，可根据情况增减相关检测流程。

（3）如有 CAN 通信系统故障出现，须先排除 CAN 线故障。

（4）在模拟检测模式时，可以使用检测仪中的自检功能或实行路试检测。

（5）可以读取数据流或波形，以便更好地检测与修理。

引导问题 13：如何对点火系统电路进行检修？

（1）判断点火线圈初级/次级电路是否正常。

当点火开关打到起动挡时，若发动机不能起动，用智能检测仪读取故障代码为：P0351、P0352、P0353 或/和 P0354，则故障应为点火线圈初级/次级电路。查阅维修手册点火线圈电路，如图 7-18 所示。

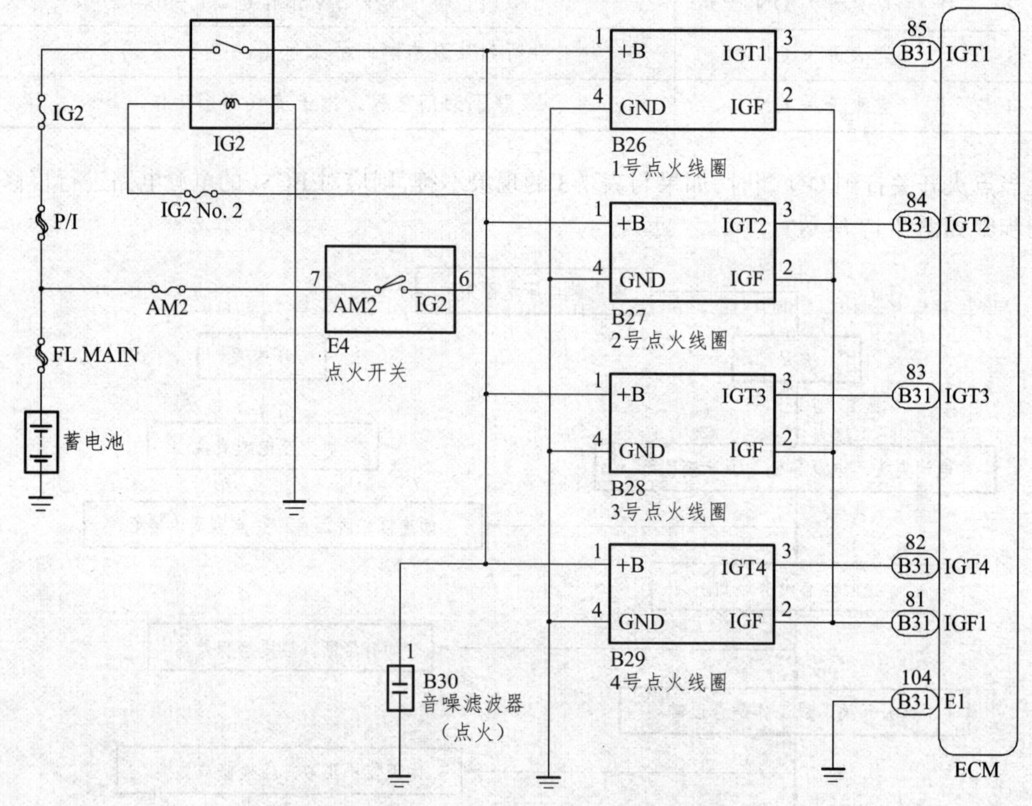

图 7-18　丰田卡罗拉汽车点火线圈电路

写出点火线圈初级电路的工作过程：

____

____

____

____

（2）检查点火线圈总成的搭铁情况：如图 7-19 所示，断开点火线圈连接器。用万用表分别检查点火线圈 4 号端子与车身的搭铁情况，并将结果填入表 7-4 中。

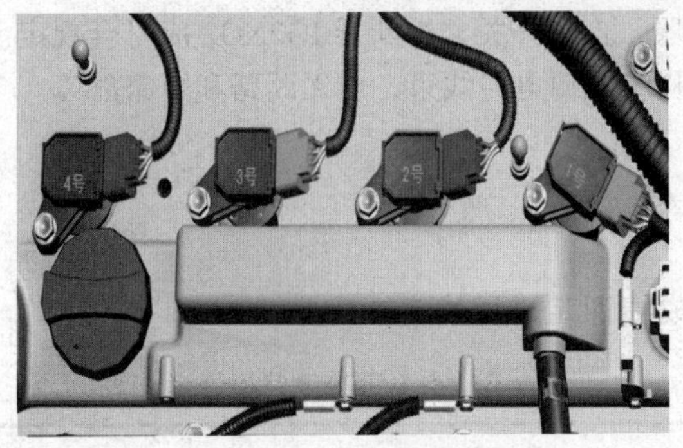

图 7-19　点火线圈连接器

表 7-4　点火线圈总成搭铁情况检查

万用表连接	条　件	标准值	测量值	结果分析
B26-4（GND）~车身搭铁	始　终	小于 1 Ω		
B27-4（GND）~车身搭铁	始　终	小于 1 Ω		
B28-4（GND）~车身搭铁	始　终	小于 1 Ω		
B29-4（GND）~车身搭铁	始　终	小于 1 Ω		

（3）检查点火线圈初级电路电源：打开点火开关，用万用表分别检查点火线圈 1 号端子与 4 号端子，检测其电源电压，如图 7-20 所示，并将结果填入表 7-5 中。

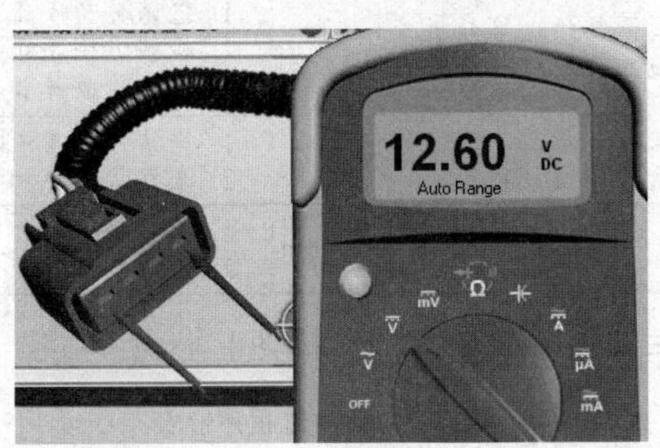

图 7-20　点火线圈电源电压检测

表 7-5　点火线圈总成的电源检测

万用表连接	条　件	标准值	测量值	结果分析
B26-1（+B）~B26-4（GND）	点火开关置于 ON 位置	9~14 V		
B27-1（+B）~B27-4（GND）	点火开关置于 ON 位置	9~14 V		
B27-1（+B）~B27-4（GND）	点火开关置于 ON 位置	9~14 V		
B27-1（+B）~B27-4（GND）	点火开关置于 ON 位置	9~14 V		

若点火线圈电源电压不符合规定值，则表示点火线圈初级电源电路存在故障，需进一步检查。

（4）检测 IG2 继电器、点火开关、熔断器 IG2NO2 应符合规定。

（5）检查点火线圈初级电源电路线束，应无断路和短路故障。

三、评价与反馈

1. 任务实施考核成绩评定（见表 7-6）

表 7-6 点火系统电路检修考核表

考核项目及分值	考核内容	评分标准	评分记录
准备工作（10 分）	1. 清洁工量具及工作台 2. 套上转向盘护套、变速杆手柄套和座位套，铺设脚垫 3. 安装三件套	1. 未清洁工量具及工作台扣 2 分 2. 未套上转向盘护套、变速杆手柄套和座位套，未铺设脚垫，一项扣 2 分 3. 未安装三件套扣 5 分	
ECM 电源电路检修（30 分）	1. 判断 ECM 工作电源是否正常 2. ECM 电源电路分析 3. ECM 电源电路检修	1. 不能判断 ECM 工作电源是否正常扣 10 分 2. ECM 电源电路分析不正确扣 5～10 3. ECM 电源电路检修不正确扣 5～10	
用智能检测仪读取故障码（20 分）	1. 正确使用智能检测仪 2. 正确连接智能检测仪与诊断座 3. 正确读取故障码 4. 正确清除故障码	1. 智能检测仪使用方法错误扣 5 分 2. 与诊断座连接错误扣 5 分 3. 未读出故障码扣 5 分 4. 未清除故障码扣 5 分	
点火线圈初级电路检修（30 分）	1. 点火线圈初级电路分析 2. 点火线圈初级电路检修	1. 电路分析不正确扣 5～10 分 2. 检修方法不正确扣 5～10 分 3. 未排除故障扣 10 分	
收尾工作（10 分）	1. 清洁工具、量具、工作台 2. 工、量具应摆放整齐	1. 未清洁扣 1～3 分 2. 未摆放整齐扣 1 分	
考核时限（10 分）	完成全部考核内容规定用时为 20 min	1. 超时每分钟扣 5 分 2. 超时 5 分钟即停止记分	

2. 任务过程评价与反馈（见表 7-7 和表 7-8）

表 7-7 任务过程评价表

考核项目	评分标准	分数	成绩	过程评价
劳动纪律	有无迟到、早退和旷工	5		
团队合作	是否和谐	5		
活动参与	是否精彩	5		
安全生产	有无安全隐患	10		
操作过程	是否正确、熟练	30		
任务质量	是否圆满完成	10		
工具、设备使用	是否规范、标准	10		
工作页填写	是否完整、规范	15		
现场 5S	是否做到	10		
总　分		100		

注：没有按照操作流程操作，出现人身伤害或设备严重事故，本任务考核结果为 0 分。

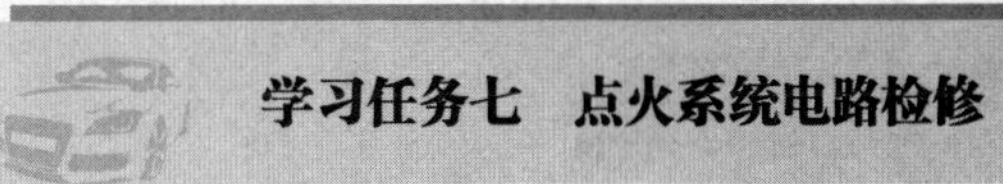

表 7-8　任务过程反馈表

反馈内容	回答
你是否完成本学习任务，并得到老师的确认？	
你是否能准确有效地收集、分析和组织完成资料，正确地交流信息？	
你是否已经掌握预期的知识和必备的技能？	
你是否充分使用学习资源和按计划有组织地达成目标？	
操作完成水平： 上述表格中的项目应为肯定回答。若不是，应咨询老师。你可以要求附加相关活动，以便完成相关的操作技能。 教师签字：________ 学生签字：________ 完成日期：________	

四、学习拓展

1. 查阅资料，分析如何对丰田 1ZR-FE 发动机点火正时进行检修？

参 考 文 献

[1] 姜京花. 汽车电气设备构造与维修. 北京：人民交通出版社，2005.

[2] 赵学敏. 汽车电气系统构造与维修. 北京：国防工业出版社，2003.

[3] 周建平. 汽车电气设备构造与维修. 北京：人民交通出版社，2004.

[4] 邓斌. 汽车电气设备构造与拆装. 北京：人民交通出版社，2011.

[5] 李云杰，黄龙进. 汽车电气设备构造与维修理实一体化教材. 北京：人民交通出版社，2012.